U0004796

街頭故事 李白

療傷似顏繪

我們都能從別人的故事裡，
看見自己生命中的傷痕與美好。

願這本書中的故事，
陪伴每個勇敢生活的你。

目次

第一章
自己的似顏繪

第二章
愛 的 似 顏 繪

第三章
勇 氣 的 似 顏 繪

《社群圈粉思維》作者

電商人妻 Audrey

"給所有喜歡聽故事或是需要被療傷的你。"

在社群上有很多畫家，但是能將作品賦予細緻與溫暖的故事並不多。會知道李白的似顏繪是在 Instagram 的熱門探索區推薦貼文，當初看到的時候還以為是國外的繪者作品，仔細看才發現是一則一則動人的在地故事。

這本書裡面分享了很多就像你我一樣街頭小市民的過往，看似陌生的接觸透過一幅畫，卻能接收到很多不管是感人的還是心酸的、遺憾的……真實故事。雖然是看著別人的分享，但是透過李白的手，賦予了不同的溫度，推薦給所有喜歡聽故事或是需要被療傷的你。

走走家具 執行長

宋倍儀

"李白的街頭故事，讓人不再感受寂寞。"

街頭故事寬闊了我的世界與視角，每個人都有屬於自己的壓力、難處與傷口要面對，這些情緒或多或少、或大或小都是由我們自己定義的；不管是在某個時刻之前拼命承受，又或是在某個時刻之後坦然接受，一個又一個不同的人生故事，被傾聽並描繪下來傳達給更多人；李白讓我們了解，每個人雖然都是不同的個體，在各自的人生中確能擁有同樣的心情。說到底，我們其實都不寂寞。

金鐘司儀、馬克信箱

歐馬克

"那些我們覺得平凡無奇，沒什麼好説的故事，
其實是很好聽的。"

什麼 !!!!《街頭故事》跟《馬克信箱》一樣都在搜集個人故事？

什麼 !!!!《街頭故事》跟《馬克信箱》一樣都要求説故事的人親手寫下字句？

什麼 !!!!《街頭故事》跟《馬克信箱》一樣都有舉辦實體活動，而且也一樣被稱為邪教 !!!?

與 Podcast《馬克信箱》不同的是，《街頭故事》以似顏繪的方式畫出説故事的人，而每當我看到真實照片穿插其中，被畫的人所寫下的 feedback 時，心情總是激動；我們都有屬於自己的故事，那些，我們覺得平凡無奇，沒什麼好説的故事，其實是很好聽的。

讓我想起小時候喜歡看的一個兒童節目叫《童話世界》，主題曲是這麼唱的：「好多好多地故事，聽了又聽，看了又看，怎麼也不厭煩。」

知名 Youtuber

六指淵 Huber

" 不管你現在的人生經歷如何，
　這本書都能給你滿滿的溫暖與養分。"

嗯，我跟李白是大學室友。我們一起經歷過很多瘋狂的故事，而這些都
成為我們畢業後酒局中的美好回憶。很多故事會讓你珍惜，並感謝他們
曾經陪伴你人生的一部分。

李白在大學時期就很擅長規畫自己的個人品牌，我也見證了他街頭故事
萌芽的過程，雖然他都不畫我跟他的故事，讓我有點走心（開玩笑的），
但也很高興我們後來都各自發展得不錯，工作上也都幫助得到對方。我
知道李白非常用心的規畫這一本書，你一定可以從中感受到他對於似顏
繪的熱情。

癌友有嘻哈 / 我們都有病 創辦人

謝 采 倪 Ani

" 想不到讀完李白的故事後，我這壞脾氣，
　竟然也能被感化，變得溫柔有同理心啊。"

閱讀完李白畫筆下一張又一張似顏繪、一則又一則陌生人的故事後，從此在生活中，我會不禁對週遭人多了一分想像與同理。例如，一位外表可愛靦腆的女子，原來小時候曾覺得自己被困在男性的軀體裡，長大才得以透過手術重生為女性。

以前面對衝突時，我會不禁在心中憤恨抱怨：「這種小事有什麼好生氣的？」

現在則會思考：「為什麼他會這麼生氣？」「為什麼他會如此在意這件事情？」「是不是背後有什麼故事呢？」

哎呀，想不到讀完李白的故事後，我這壞脾氣，竟然也能被感化，變得那麼溫柔有同理心啊。確實，是一本療癒人心的書。若你妳的脾氣也跟我一樣差，這本書，肯定很值得我們一看唷：)

粉絲

sunnycheng_1101

喜歡李白分享的每個故事，雖然有些時候看似遙不可及，也有時候好近好近，但不變的就是一直看見你的溫柔，看見你溫柔的承接著每種不同的情緒。

粉絲

ru_920

曾經有一陣子我的內心非常煎熬，每天晚上都會大崩潰，甚至祈禱自己明天不會醒來，偶然有天在 IG 看到李白的街頭故事，你的畫作還有畫裡的故事拉了我一把，讀這些故事好像也獲得了救贖。

粉絲

Lynn

最喜歡李白的故事都以旁觀者既客觀又寬容的態度握住每一雙手，堅韌地告訴那些受傷的心：「我在聽。」真的太溫柔也太動容了，幾乎每一篇都會看到想哭。

粉絲

kuroro

藉由街頭故事畫下許多陌生人的人生插曲，對當事人來說、對讀者來說，這些故事都成為鼓勵自己前進、成長的養分。

chenyichang ———————

每次都很期待你新的故事，你的創作不只是幅畫，你賦予它們靈魂，讓這些故事在世界各地感動更多不同的陌生人。

安 Ann ———————

不知道該如何說的話在街頭故事會擁有出口，不用去害怕沒有人願意聽你的故事，更不用去害怕會被人指指點點，在這裡短短的時間裡恣意訴說你想說的。在故事完結後，你會收到一個李白看到的你。

alukuma ———————

每個人散發出的氣質，是由過往的經驗累積與歷史的記憶層層堆疊而成，不會騙人也無法偽裝。透過李白的街頭故事，即使沒有見過故事中的主角，也彷彿認識了這些人的內在，而這種不易被察覺的內在情感，是我認為生而為人最重要的存在。

Susan To ———————

這陣子心情很不好，常常處於很失落的狀態，看到你分享的一個個故事感到很溫暖，他們也在努力地生活，所以我也不能放棄我自己。

粉絲

bioyuan0921

每次閱讀你的文章時，都能帶給我更多努力的想法，每篇文章都十分的真實，也讓我體會到，我不能夠繼續消極，因為有比起我更多需要幫助的人，而我或許是那個可以幫助他們的人。很謝謝你，你的文章陪我度過很多痛苦的夜晚。

粉絲

Xuan

因為閱讀街頭故事，我從中認識到這個世界上更多不同的人，每個人都用自己的方式努力活著、創造自己生命中的價值，我也漸漸有了活下去的勇氣，慢慢建立起自信心。謝謝李白，謝謝街頭故事。

粉絲

Szenee

Hi, I'm from Malaysia.
Your story is always the best choice when I was down. The story always remind me & give me more power to keep going. Thanks for sharing & wish you all the best .

粉絲

kon_2123

在冷漠的台北還能聽到許多生命中的小故事，覺得很溫暖，常常有被鼓勵到的感覺。期待李白寫出更多小故事！

emen458

我是一名憂鬱症患者，每一次看著篇篇不同的故事，總能從中發現自己的某部分影子。那個影子因為一直躲在暗處不被看見，透過這些故事影子找到光明，而漸漸得到救贖。

Hillary

讓我意識到了即使是擦身而過的路人也有自己的故事，每個人都經歷過大大小小的傷痛，知道自己不是孤單的活著感覺真好，謝謝李白分享的一切。

Xavieryen

上班情緒緊繃的時候、下班魂魄游離的時候，看著街頭故事，有如身歷衣櫃後面的另一個世界，是逃避，也是美好。也是有勇氣在自己道路上往前邁進的動力。
謝謝街頭故事、謝謝李白，更謝謝所有的故事主角。

小尾巴

雖然我不太會表達，但是相信透過這些小小的故事一定在某個時刻鼓勵了一些人。你是大家的樹洞，這個短短述說的時刻讓每個人都平靜了一些。

我一直很害怕與人交談，這樣的我總是覺得自己和這世界格格不入。

於是，我試著用自己唯一會的方法與人交流。

那就是：把他們畫下來。

用似顏繪收集故事的人

一段療傷旅程的開始

2015 年，剛升上大一的我為了克服自己的害羞，給了自己一個挑戰：

「面對面畫下兩千個陌生人」。

為了完成這個挑戰，我成為了一名街頭畫家。花了大量的時間在大街小巷、咖啡廳、公園裡畫下一個個陌生人。

在這段旅程裡，我意外的發現自己讓陌生人敞開心胸的特質，於是我開始邊畫畫、邊傾聽人們的故事。來畫畫的人們紛紛開始向我透露心聲，有人對我分享從沒機會說出口的秘密；有人說起從前的遺憾；也有人對我揭開內心深處的傷口。

他們說，來畫似顏繪就像一段自我療癒的過程。

這些故事也帶給我和我的讀者們很大的啟發，我自身多年的情緒陰影也從傾聽的旅程中得到救贖。

我發現，原來每個人的故事都有可能治癒別人。

當我畫下第兩千個陌生人的那天，我開始憑著記憶，在紙上重新畫下這些五年旅程的回憶，也就是這本書裡的所有故事。

希望我能將這份感動，透過書中的插畫與文字分享給你們。

街頭故事創辦人

李白 Baihere.

畫家與被畫者的心靈交流

似顏繪是什麼？

「似顏繪」三個字源自日文，是一種繪畫的形式，又稱
為速寫或肖像畫。畫家透過自己的眼光，在被畫的人面
前用快速、即興的方式用畫筆詮釋一個人。

❶ 與客人見面

在見面之前，我不會預先知道客人
的長相。預約作畫的地點包括咖啡
廳、市集、公園裡，甚至可以是在
街頭巷尾的各種角落。

❷ 客人傾訴一段故事

這個階段裡，客人常會將說出自己
內心的煩惱、祕密和想法。而我則
會在對面靜靜地傾聽，不管聽到什
麼內容，都不會做過多的評論。

③ 畫下似顏繪

用喝一杯茶的時間,我會用即興的筆觸畫下客人的似顏繪,客人則用舒適的節奏說完自己的故事。

④ 客人在紙背留言

客人說完故事後,通常紙上的顏料也乾了,我會請客人在畫紙背面留下一句想對自己說的話,完成療傷似顏繪。

第一章

自己的似顏繪

我們總是忙著猜想別人的想法和心情，
其實世界上最難懂的就是自己。

未知的預約

請坐，今天是什麼讓你來到我面前呢？

2020 年 ●
高雄

似顏繪旅程地圖

在下午的預約時段，我遇見了 E 先生。

請坐吧，今天為什麼來到這裡呢！

嗯 ... 其實我不知道你是誰，這個預約也不是我下單的。

咦 !?

雖然 E 的答案讓我意外，但是其實我的確不會預先知道客人的長相。

今天這個預約啊，其實是我的心理師幫我訂的。

E 先生跟我說，他已經做了兩年的心理諮商了。

他的心中一直埋著一段難以釋懷的記憶，飽受煎熬的他在兩年前，決定尋求專業的幫助。

經歷了一次一次的晤談和自我問答，E 的創傷諮商即將結案。

最後一次會面時，心理師給了 E 先生一個任務：

「我要你去找五個人，跟他們從頭到尾講一次你的故事。」

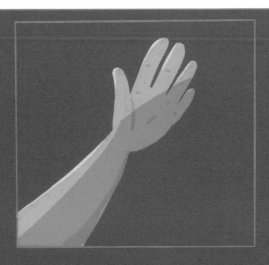

我已經完成了前面四個人，現在來到最後一個。

不過心理師已經幫我指定了那個人，也就是你。

心理師預約了似顏繪，告訴我：

「星期六走進這家咖啡廳，找到一個畫家，和他説你的故事。」

我聽完了來龍去脈，點點頭微笑。

這是我的榮幸，請説吧。

於是，E 先生跟我説了一個故事……

E 先生預約了下午的「療傷似顏繪」。

冰咖啡上桌後，E 先生喝了一口。他對我說：「其實今天這個時段，是我的心理師幫我預約的。」在正式的故事開始之前，E 先生先說了自己為什麼來到這裡的故事。

經歷了兩年的創傷諮商，E 終於來到了結案的階段，最後一次諮商時，心理師給了他一個任務：找五個人，和他們從頭到尾分享一次你的創傷。

他質疑，為什麼要做這件事呢？傷口每摸一次，不就會越來越痛嗎？但後來他了解到，其實傷口會在傾訴的過程裡，慢慢變成傷疤。傷口摸起來很痛；但是傷疤摸起來卻只會感到癢癢的。

最後 E 的任務來到了第五個人，只不過心理師已經幫他指定了這個人。這個人完全沒有心理諮商的專業，也不是一個飽經世故的智者。他只是一個普通、非常普通的畫家。

心理師說：「這禮拜六走進一間咖啡廳，找到這個畫家，然後和他說你的故事。」

就這樣，我遇見了 E，接著用一杯咖啡的時間聽了他的故事 ……

E 教我的事

"傷口終究會變成傷疤。"

旅程的終點

這就是我心理諮商兩年的最後一站了。

2020 年 ●
高雄

似顏繪旅程地圖

F先生開始談起了這段回憶

我小時候會和一個隔壁的小孩一起上畫室。
他和我就像兄弟一樣，一起陪伴彼此長大。

亞斯伯格症讓他不擅長處理自己的情緒，
也不太懂要怎麼面對別人的看法。

但是相對的，他有著無比厲害的藝術才華。
對我來說，他是一個很棒的朋友。

升上大學那年，他準備出發去歐洲就讀藝術科系。
我們之間即將會有八個小時的時差。

在出發前，我安撫著緊張的他，告訴他：

嘿，不管你之後遇到了什麼樣的挫折，
或是再怎麼難度過的難關……

「你都要忍八個小時，八個小時後我都會在。」

後來的日子裡，我們透過視訊聊著彼此的生活、
選了什麼課、認識了哪些新朋友。

但是過了幾年，他的狀況越來越不穩定，
我注意到他沒有去上課、沒有繼續創作。

原來，他的美術天分遭到同學的眼紅，
又由於不擅長處理情緒，遭到了嚴重的霸凌。

有一天，他把自己作畫的工作室收拾乾淨、
畫架立好，然後離開了這個世界。

我打開筆電，發現他最後打了很多通視訊給我。

我崩潰了。

不解、內疚、悲傷這些情緒，
讓我連續做了很久的惡夢。

這件事有很多細節，都是我在事後才知道的。
其中也包括，那些欺負他的同學都是台灣人。

做了兩年的心理諮商，我慢慢走了出來。
你説，這個過程是教我學會原諒嗎？

我學到的是……

「難受於朋友的離開」和「接受朋友的離開」
這兩個想法，會讓我的人生呈現完全不同的樣貌。

然後，E 先生說完了故事。
他說：「這就是我諮商的最後一站了。」

在今天以後，就可以好好活著了嗎？
還是更多痛苦、後悔的開始呢？

E 先生，不管諮商結束後的生活是什麼樣貌，
都恭喜你從上一個階段畢業了。

E 先生說，他以前和別人描述這個故事時，到最後常常講得淚流滿面。但是今天，我面前的他看起來相當平靜。

E 從小就和朋友一起上繪畫課，朋友雖然因為亞斯伯格症，不擅長與人交流，也不太能處理自我情緒，卻相對有著厲害的繪畫天賦。

兩人升上大學那年，朋友決定去歐洲就讀藝術科系。那裡和台灣，有 8 個小時的時差。兩人的友情靠著視訊通話聯繫著：

「今天去上課了嗎？心情還好嗎？」

「最近有沒有新的畫作可以給我看？」

過了幾年後，朋友在視訊裡的表現越來越讓 E 擔心，從很多蛛絲馬跡可以知道，朋友很少去去學校上課、創作狀況也幾乎停擺。

原來是因為，他的藝術才華遭到了同學的眼紅，被欺負、言語攻擊的次數層出不窮。聯繫校方、求助於當地的朋友、甚至親自搭飛機去歐洲找朋友聊聊，每個可以嘗試的方法 E 都努力過。只是朋友最後選擇離開這個世界，那天他將自己的工作室整理乾淨，沒有留下留言，只留下滿抽屜的畫。

「我很氣校方處理霸凌事件的無能、還有那些欺負他的同學；也很氣自己，沒有接到他最後打來的那些視訊。」

這兩年來，E 求助於心理諮商的幫助，讓他慢慢走出陰霾。

他説：「就物理上，無論現在我憤怒、不解、難過，朋友都感受不到了。但是至少我可以為『活在我心中的他』做點什麼。」

E 先生收集了朋友留下的畫作，那些畫很美，但是缺少了文字來介紹他們，他決定整理完這些畫，編成一本繪本。

兩杯冰咖啡喝完，我畫完了 E 的似顏繪。

他看著我的畫説：「謝謝你幫我的療程畫下很美的句點，只是從明天開始一切真的都會變好了嗎？」

我説：「謝謝你跟我説這個故事。」

無論明天的樣貌是怎麼樣，你都從上一個階段畢業了。我們在受傷後能夠做到最好的事，或許就是接受所有已經發生的，然後在接下來的旅途帶著它們走下去。

E 先生離開前給了我一句話：「看山是山、看水是水。」

E 教我的事

”「接受」與「難受」，會讓你的人生
　呈現兩種不同的樣貌。“

我想抱抱她

妳想對她說什麼嗎？那就這麼做吧！

2020 年 ●
台中

似顏繪旅程地圖

I小姐在畢業後過著正常的上班族生活。

直到，她的生活被幾張醫院的診斷報告徹底改變。

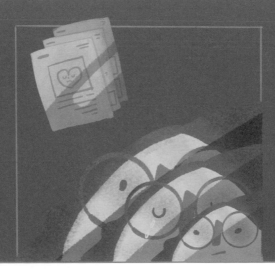

「邊緣型人格障礙」、「恐慌症」、「持續性憂鬱症」
在那天以前，I從來沒想過這些事會發生在自己身上。

I 遇到了一個很棒的心理師，雖然話不多，卻總是能在療程中觸碰到自己的內心。

但是在復原過程裡，那些旁人難以理解的絕望、煎熬還是得自己經歷。

發病的崩潰、每個身邊選擇離開和留下來的人，以及每一次的釋懷，都提醒著 I 自己已經走了多遠。

心理治療真的有效嗎？我不知道。
但是如果沒有做的話，我肯定撐不到現在吧。

I 説完了自己的故事，在把完成的似顔繪交給 I 小姐之前 ……

看著這張畫，
妳想對這個人説什麼嗎？

她很認真的把畫裡的每個細節看完，然後説：

…… 我想抱抱她。

「那就這麼做吧！」我說。

接著，I小姐真的在我面前用兩手
抱著畫，就像在擁抱自己一樣。

我看著她笑的模樣，從那時候我就知道，
這一幕將會是我畫似顏繪的旅程中，最難忘的一個畫面。

在似顏繪開始前，我和 I 小姐說：「這個過程裡，妳可以在畫紙背面寫一句想給自己的話，想寫什麼都可以。」

「喔 …… 有客人會空白不寫嗎？」

「常常有啊，如果妳沒靈感的話，可以不寫沒有關係。」

I 點頭問：「那如果反過來請你寫一句話給我，可以嗎？」

於是我將 E 先生說的「傷口終究會變成傷疤」這句話送給了 I。

I 抱著自己的似顏繪，笑著問我：「等兩、三年以後，可以再來找你畫一次嗎？」

「那時候妳一定好很多了」雖然我想這麼說，卻怕給 I 多餘的壓力，所以我將這句話改成了 ……

「那時候的妳，肯定和現在很不一樣」

那麼我們兩、三年後見囉。

I 教我的事

″別吝嗇給自己一個大大的擁抱。″

夢
與清醒時

過了很久以後，我才知道當時的自己怎麼了。

2019 年 ●
台北

似顏繪旅程地圖

H 小姐和我是在一場病友聚會中認識的。
她對我說了一個，像做夢一樣的故事。

幾年前，我休學給自己放了一個長假。

在都蘭打工換宿時，我接觸到了靈學。
這是一個我從來沒有接觸過的領域。

靈修變成我生活中很大的一部分，
也讓我重新認識著這個世界。

我想學得更多，想更了解自己和這個世界的連結。

但我並沒有發現，自己已經走火入魔了。

有一陣子我看著一個人的時候，會看見
一半善良、一半邪惡的模樣。

我的價值觀已經完全不是正常人會有的樣子了。

好可怕,好多聲音,我是在地獄裡嗎?

如果要從這場惡夢醒來的話,就要從這邊跳下去吧。

我從三樓的窗戶往下一跳,劇烈的
疼痛伴隨著腳踝粉碎性骨折。

但是這仍然沒有讓 H 從這場惡夢中醒來。

很久以後，我才知道自己發生的一切，
醫學上叫做「急性思覺失調」

我慢慢重建對這個世界的認知，每天
都把困住的自己往前拉一點點。

要怎麼讓壞掉的自己好起來呢？
我想，需要很多的時間吧。

這樣啊⋯⋯慢慢來就好。

是啊，慢慢來就好。

一年後，我和 H 又見了一次面。
這次我畫了一幅似顏繪送給她。

她說，謝謝我記錄了這個過程。

H 小姐和我是在一場病友聚會中認識的。她跟我分享了一段夢境與現實交錯在一起的故事。

升上大一的 H 接觸了靈學，這是一個她從來沒有接觸過的領域。透過靈修，H 可以慢慢感受到世間萬物的本質，感覺到自己跟蟲魚鳥獸的連結。為了尋求更高的境界，H 廣泛閱讀不同派系的靈學書籍，並加入了一些自己的詮釋。但是她沒有想到，這些書本上的知識漸漸融入她的認知後，這個世界的樣貌變得越來越奇怪。

「我開始在意一些常人眼中會覺得奇怪的細節，比如門關起來的角度。有時候逛街，我會感知到路人的負能量，變得非常不舒服。」H 眼中的世界變得越來越危險，所有沒有關聯的事件都在她的腦中連結成一串悲劇。但是 H 不知道該怎麼解釋這一切，甚至沒有辦法跟家人、朋友求助。

有一天晚上，H 在家中害怕得受不了，她眼中的世界變得扭曲、黑暗，家人們的臉孔也變得可怕。

「這裡好可怕，這是在地獄嗎？我在作夢嗎？如果要從這場噩夢中醒來的話，就要先在這個世界死掉吧。」H 的思緒充滿無法用常理解釋的想法，這些想法像生了根一樣的徹底控制了她。

H 從三樓的窗戶縱身一跳。

劇烈的疼痛、粉碎性骨折並沒有讓她從噩夢中醒來，直到醫院的病床上，H 仍然在害怕、緊張的情緒裡。復元期間，H 也只是和前來探望的朋友說：「沒事啦，我不小心從樓梯上摔下來了。」

原來發生在 H 小姐身上的一切，在醫學上叫做「急性思覺失調」。患者會感覺到有一股聲音控制著自己的思想和行動，非常真實，也很讓人無力。H 小姐和我說這些故事時，仍然處於康復期的低潮裡。在聚會中道別後，她開始接觸手作、藝術、擺攤，從各種療癒的創作中慢慢修復自己的內心，並慢慢重新認識這個世界。

「慢慢來就好。」我對她說。

「是啊，慢慢來就好。」H 小姐拿到我的似顏繪後，放鬆地呼了一口氣。

H 教我的事

"人生沒有捷徑，慢慢走反而比較快。"

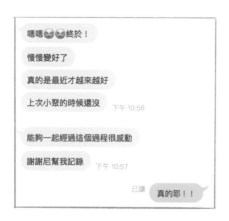

一個祕密

我信守承諾,從來沒有告訴別人這個祕密。

似顏繪旅程地圖

有一天晚上，我遇見了一個不願意說故事的客人，她是 D 小姐。

那個 …… 我待會可以不要說話嗎？
其實我不喜歡和人說自己的心事。

真抱歉 ……

推薦我來的朋友在國外，
她很想來見你，我是代替她來的。

嗯，沒關係呀。

我們可以很有默契的，
靜靜度過這一小時。

「如果妳想滑個手機也沒關係。」我說。

欸？

但你的工作不就是聽故事嗎？真的沒關係嗎？

大家都有自己宣洩心情的方式，
我知道不是每個人都喜歡用說的。

妳結束後就跟朋友說，跟我聊得很開心就好了。

D 笑了。

你真是個奇怪的畫家啊⋯⋯

不然，我來和你說一個自己的祕密好了。

最後，D 和我說了一個從來不曾和別人分享的祕密。

而我也信守承諾，從來沒有和人說過這個祕密的內容。

我遇見了一個什麼心事都不想說的客人：D 小姐。

她一坐下就說：「抱歉，我不會和別人說自己的心事。我在國外的朋友一直想來找你，我其實是代替她來的。」

我回答：「沒有關係，那妳可以什麼都不說。」

D 驚訝地說：「這樣真的沒關係嗎？我以為你會試著讓我說一點故事。」

我說：「真的，我們可以靜靜地度過這一小時，反正結束後，妳可以跟朋友說我們聊得很開心。」

D 似乎沒有預料到我這樣的反應，反而對似顏繪產生了好奇，我們開始天南地北地聊起天來。

她說，自己不喜歡和人太過親近的原因，來自於家庭的影響。所以每次有心事時，總是透過寫手帳，將想法封存在沒有人能看見的紙頁裡。所以這樣和陌生人聊天，其實是一個很難得的經驗。

在畫完似顏繪時，她決定跟我分享一個自己的祕密給我。

那是一個聽完後，我永遠都不會洩漏的祕密。

D 教我的事

"每個人都有屬於自己的抒發方式。"

剩下你
還沒原諒自己

事發之後，我花了很多很多時間責備自己。

2020 年
台中

似顏繪旅程地圖

高三準備考試的那年，M給了
自己非常巨大的壓力。

「如果沒有考上就什麼都沒了。」
他這樣想著。

大考前一天我去了平常去的補習班，
在偶然間聽見了一個驚人的消息。

「明天考試時，如果遇到不會的題目，
在答案紙上做特定的記號就可以了。」

什麼!?

雖然半信半疑，但是成功的誘因實在太大了，
M 忍不住在隔天的考試使用了這個方法。

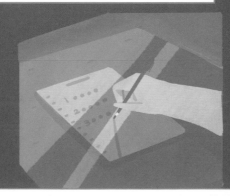

果不其然的，M 最後以相當亮眼的成績考上大學。

進入好的大學後,
M 的生活始終伴隨著罪惡感。

達成了目的,但是這樣真的好嗎?

該來的還是會來了。
有一天,家門前站了兩個刑警等著 M。

M 知道,是時候承受應有的懲罰了。

認罪、遭受退學、打工償還罰金。
即使付出了所有應得的代價，
M 的生活仍然被內心的罪惡感糾纏。

對不起，所有相信我的人。

直到有一天，M 接到了來自高中老師的電話。

「你已經做完你該做的了，現在全世界
只剩下你還沒有原諒自己。」老師說。

老師說完後，M 在電話前痛哭流涕。

在很多年後，M 也成為了一名高中老師。
他常和學生分享這個故事，告訴他們，
不需要把成績當成一切。

M 說的故事讓我聽得目瞪口呆。

大考前一天晚上，他從補習班聽見了一個不可思議的消息：「在答案紙上畫特殊的標記，那一題就會直接得分。」

雖然聽起來不可置信，但是對一個將成績當作唯一目的高中生來說，這是一個非常大的誘因。

後來，這個方法也真的讓 M 成為當年的高分考生，順利地進入理想的學校。

在短短的一年後，這個事件終究紙包不住火，在新聞、網路被大肆報導，M 被自己考上的大學開除，有了犯罪的前科，和所有的親友、同學道歉，但是這一切依然沒有讓他原諒自己。

當年的罪惡感像一根刺，扎在他的心中，在接到高中老師的電話之前，M 的生活過得煎熬無比。

我畫下 M 的時候，他已經坦然地面對這段過去。他說，既然已經沒有辦法改變犯錯的事實，那就只能讓這個錯誤轉化成讓自己變得更好的養分。

M 教我的事

"犯錯到成功只需要一瞬間，
原諒自己卻是一段很漫長的路。"

K 的故事

我在等你
證明自己的決心

抱歉，我現在還買不起似顏繪。

2019 年 ●
台北

似顏繪旅程地圖

K 是我的高中學弟。
他來到我畫圖的咖啡廳，看著我畫畫的樣子。

抱歉，雖然和學長聊了這麼多，
但是我現在還沒有錢買似顏繪。

真可惜，
那就等以後再來找我畫吧！

我和他說，說不定下次見面你就是大學生了呢！

謝謝你，要等我回來唷！

我點點頭，目送著 K 和同學們
嬉笑著離去的背影。

後來過了很長一段時間。
K 念完了高中，我也從大學畢業了。

K 按照承諾，回來找我畫似顏繪，
獨自前來的他看起來不是很開心。

後來 …… 我沒有升上大學，
我想了很久，還是對未來很迷惘。

和我聊了一陣子後，似顏繪也畫完了。
K 準備拿出自己的錢包。

我一邊將畫紙包起來，一邊說 ……

學弟，這張似顏繪不用錢。

咦！？可是我 ……

「我上次本來就想免費畫給你了。」
「只是我在等你證明，自己想要這張畫的決心啊。」

「因為你值得這張似顏繪。」
「生涯選擇充滿迷惘，但是這也代表充滿了無限的可能性。」

學弟離開前，我們留下了一張合照。

從那刻起就決定，我一定讓學長畫一張似顏繪！
我終於圓夢了 🤍
．
在全程發抖情緒激昂的狀況下講述人生經歷，一直在克
制自己不要哭出來，
見偶像的感覺大概就是這樣吧 😭
真的很感謝學長願意傾聽我低落到不行的人生經歷，鼓
勵我還送我小禮物。
一直覺得自己很廢不敢見學長，不過現在回想起來，我
真的太不夠肯定自己了。
．
「為自己快樂一次，至少勇敢面對。」
．
還記得在咖啡杯上我也是寫了類似的願望，下一次，我
會帶著比現在更快樂的我，再去找學長😆
．
#街頭故事 #似顏繪 #圓夢
2019 年 10 月 20 日　翻譯年糕

「抱歉，但是我現在還沒有錢買似顏繪。」K 說。

其實我們已經聊了整個小時的天，在氣氛熱絡的當下，我完全願意免費畫一張似顏繪給他，但是我心頭一動，說出：「那真是可惜呢，以後有機會再來吧！」那時候，他還是個高中生，我也在念大學。

我在畢業後，繼續畫著似顏繪，K 也依照承諾，在某一天傍晚來找我。老實說我聽完很多客人的故事，都約好下一次再見，但是會真的帶著故事續集回來的客人並不多。

K 看起來心情並不是很好，他說自己迷惘、沒有方向、想法和家裡的意見不合，我雖然幫不到什麼忙，還是把我僅有的生涯經驗分享給他。

在聊天尾聲，K 準備掏出錢包，我說，這張似顏繪不用錢。

看著他驚訝的表情，我說：「我已經看到你的決心了，雖然未來充滿未知又不可預料，但是這也代表你有無限的可能，去做每件你想做的事情。」

K，希望這張似顏繪能帶給你一點勇氣。

K 教我的事

"人生很難，但很好玩。"

似顏繪的畫具

陪伴我記錄
人們心中的傷痛與美好。

為了完成在街頭收集故事的挑戰，我平常除了在安靜、穩定的環境作畫，也常常會在火車上、酒吧之類嚷雜、擁擠的地方創作。

我對工具的需求是簡便、能夠在任何地方拿出和收起來。在這個前提下，我選擇了色鉛筆和固態的水彩盤。

先用短暫的時間勾勒出客人的輪廓，這時候客人通常已經放下武裝，願意將故事的全貌說給我聽。

其實一邊聽故事、一邊畫圖這件事本身並不難。難的是當客人說完故事時，圖也能在最洽當的時機完成。

比起「販售畫作」，我更傾向將似顏繪設計成一種重視過程的體驗。

療傷似顏繪最珍貴的，其實是畫家與客人之間，故事與情緒間一來一往的短暫時光。

1. 水性色鉛筆　2. 淺紋水彩紙　3. 固態水彩盤　4. 拍照用小招牌　5. 洗筆碟

第二章

愛的似顏繪

愛是什麼呢?

我想,是互相為對方付出,

是一種緊密的陪伴關係吧。

想請你幫我
轉達一件事

因為不敢一直翻她的照片，
或許現在先把她畫成似顏繪會比較好。

2020 年 ●
台北

似顏繪旅程地圖

F 小姐請我畫一張好朋友的似顏繪。

「因為真的很想她，但是不敢一直看照片。
或許畫成似顏繪會比較好。」她這樣說。

我們是八年的好朋友，在彼此的心中都
是像家人一樣的存在。

「她不需要在我面前武裝自己的形象，
我的肩膀總是她傾訴、哭泣的地方。」

升大學後，我和她分隔兩地，
靠著手寫卡片關心著對方。

每一次難得的見面，我們都期待著那個大大的擁抱。

愛是什麼呢？

我想，是互相為對方付出，
是一種緊密的陪伴關係吧。

她是一個很善良的朋友，但也因為這份善良，
不管發生什麼事，總是反省著自己。

這段時間裡，憂鬱症一直困擾著她。

隨著發病的時間越來越頻繁，
我和她約定好每天都要通話聊天。

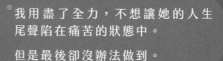

我用盡了全力，不想讓她的人生
尾聲陷在痛苦的狀態中。

但是最後卻沒辦法做到。

在她家屬的同意下，我參與了禮儀社為她清洗、化妝的程序。

我陪著她走完了最後一程。

我覺得這或許是她人生中睡得最安穩的一覺。

愛是什麼呢？

我想，是互相為對方付出，
是一種緊密的陪伴關係吧。

最後，F 小姐對我說 ...

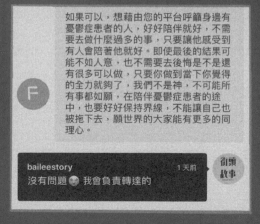

如果可以，想藉由您的平台呼籲身邊有憂鬱症患者的人，好好陪伴就好，不需要去做什麼過多的事，只要讓他感受到有人會陪著他就好。即使最後的結果可能不如人意，也不需要去後悔是不是還有很多可以做，只要你做到當下你覺得的全力就夠了，我們不是神，不可能所有事都如願，在陪伴憂鬱症患者的途中，也要好好保持界線，不能讓自己也被拖下去，願世界的大家能有更多的同理心。

F

baileestory   1 天前
沒有問題 😣 我會負責轉達的

街頭故事

F 小姐透過信件，寄了幾張她和朋友的合照給我。

照片裡的兩人，從高中穿著制服，一直到兩人大學畢業穿著學士服，其中也有不少生活照。

「我們認識八年了，想請你用似顏繪讓我好好記得她。」

F 與朋友之間的感情超越了一般的友情，甚至比彼此的家人還要親近。

「她的家庭並不和睦，也常常被同學當作閒言閒語的對象，所以從高中開始，我的肩膀就是她依靠、哭泣的地方。」

升上大學後，兩人雖然分隔兩地，還是靠著手寫卡片陪伴在對方身邊。偶爾難得的見面，就是在書店、公園散散步，坐下來為對方按按肩膀，聊聊近況跟瑣事。每次到了說再見時，F 都會堅持完成一個小儀式：來一個大大的擁抱。

「愛到底是什麼呢？」F 小姐說，是彼此不吝嗇表達自己的情感，是一種緊密的陪伴關係吧。

「其實我知道她一直被憂鬱症困擾著。」F 和朋友約好每天講一小時的電話，想努力用陪伴讓一切好轉。

「她是一個太善良的人，即使被人罵、被人虧待，還是會覺得是自己做錯，總是在難過中反省著自己。」F 總是為她打抱不平，但是隨著憂鬱症發作的頻繁，讓兩人都感到疲憊與不知所措。

最後，無力感與巨大的負面情緒帶走了朋友的生命。F 陪著朋友走完了最後一程，從頭七到七七，每一個儀式、每一種重要時刻。為朋友化妝、清洗身體，她的眼淚一把一把的流。

「我看著她安詳的臉，這或許是她睡過最安穩的一覺吧。」

這段文字是 F 在委託信件尾聲對我的請求：

「如果可以，想藉由您的平台呼籲身邊有憂鬱症患者的人，好好陪伴就好，不需要去做過多的事情，只要讓他感受到有人會陪著他就好。

即使最後的結果可能不盡人意，也不需要後悔是不是還有更多可以做，只要你做到當下你覺得的全力就夠了。我們不是神，不可能所有事都如願。在陪伴憂鬱症患者的途中，也要好好保持界線，不能讓自己也被拖下去。願世界的大家能有更多的同理心。」

F 教我的事

"陪伴就是最美好的同理。"

出自「我們都有病」粉絲專頁

綻放的
花朵

我問自己，畫好一張似顏繪，需要的是什麼呢？

2015 年 ●
雲林

似顏繪旅程地圖

我可以畫一張似顏繪嗎？

當然可以，請坐吧！

我看著 W 小姐，心中浮現出了一道難題：

「我該把她臉上的燙傷痕跡畫出來嗎？」

如果刻意避開傷疤，不畫出來……

對她來說，這會不會是一種二度傷害？

如果照著畫下來的話……

這樣我就要在她面前，
一筆一筆描繪她可能很在意的部位。

似乎怎麼選，都不是最好的答案。
「原來畫似顏繪這麼難啊」我邊畫邊想。

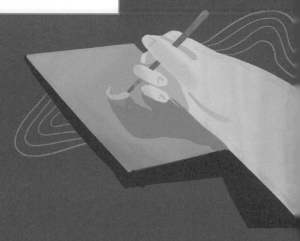

似顏繪完成後，我裝進牛皮紙袋交給 W 小姐。

她盯著畫看了很久很久，
一直到我的攤位收完最後一個客人，準備打烊了。

在畫中，我把 W 小姐的疤痕畫
成了一朵朵綻放的花朵。

「我是一個很逞強的人，長久以來
以為這塊疤沒有造成影響。」她說。

W 小姐露出笑容，那是一種
融合了很多種情緒的表情。

那時候，我才剛開始在街頭畫似顏繪。

在市集中，我遇見了 W。她留著俐落的短髮，左右手布滿很有個性的刺青，我看著她，心中浮現出一個難題：

「我該把她左臉頰上的燒傷畫出來嗎？」

選擇一：如實畫出來，但是我得在她面前一筆一筆描繪她可能很在意的部位。

選擇二：刻意迴避燙傷的疤痕，但是這個刻意的行徑對她而言會不會是一種二度傷害？似乎怎麼選，都不是最好的答案。

我才發現，要畫好一張似顏繪，並不如想象中那麼容易。

作品完成後，我將畫裝進牛皮紙袋裡，雙手遞給 W。她盯著似顏繪，臉上的表情從平靜轉為激動。

「這真的是我嗎？」她重複的問。

畫紙上，我試著用美卻不失真實的畫法，將傷疤畫成一朵花，在臉上綻放。

似顏繪結束後，W 拿著畫在攤位旁站了很久很久，直到我幾乎要收攤了。

她跟我說：「我一直是一個逞強的人，也一直以為這塊痕跡對我沒有造成影響。但是看這張畫，我發現自己一直壓抑著面對它。原來自己現在的模樣是美的，謝謝你讓我重新認識了一次自己。」

所以要畫好一張似顏繪，需要的是什麼呢？

是精湛的畫技嗎？還是遇到任何情況都保有絕佳的臨場反應呢？

我想，應該是能把「溫柔」移轉到筆尖的能力吧。

W 教我的事

"願妳勇敢，不願妳假裝堅強。"

你可以
幫我一個忙嗎？

在我驚訝的表情面前，
陌生人請我幫他完成一件人生大事……

● 2019 年
金門

似顏繪旅程地圖

一個陌生人走向我，說了一句不可思議的請求。

他是 V 先生。

那個，剛剛一直在偷偷觀察你畫圖。我有一個點子 ......

你 ...... 可不可以幫我求婚？

然後，他跟我說了一個很有趣的點子。

時間來到了晚上。

V 先生就和計劃好的一樣，帶著女友來找我。

一切都準備好了。

你好，我們想畫一幅似顏繪。

「好，請坐下吧。」我說。

我假裝不認識 V 先生，從容地將兩人畫在紙上。

直到 V 的女友發現，好像有哪裡怪怪的...

沒錯，我將兩人畫成了新郎與新娘。

下一秒，V 已經拿著花束跪在女友面前。

這就是我第一次幫客人求婚的故事。

Ｖ先生告訴了我　個計畫：幾個小時後，用我的似顏繪求婚。

他說，自己早就決定今天要求婚，只是經過無數的推演，始終沒有想到最浪漫的求婚劇本，直到他看見我畫圖的樣子，心裡變冒出了這個點子。

「我想，這應該是最好的劇本。」接著我們握手道別。

晚上九點，Ｖ先生和女友攜手來到我面前，在冷風與夜燈下，我假裝鎮定地畫起似顏繪。畫筆下的兩人微笑看著彼此，唯獨兩人的服裝有點不一樣……

是的，我把兩人畫成了婚紗照。

當女生發現畫上的不同時，後方埋伏的親友團與攝影師蜂擁而上，Ｖ先生也隨即跪在地上。鮮花、感動的眼淚、誓詞和圍觀的群眾，一切都順利地發生。兩人擁吻後，群眾起哄要Ｖ先生大聲的再說一次剛剛的求婚詞。

Ｖ先生只簡短的對群眾說了一句話：She said yes.

然後現場又陷入了瘋狂的歡呼與掌聲中。

Ｖ教我的事

″最棒的劇本不是用想的，
　是用行動打造的。″

我和他
六小時前分手了

我今天唯一的行程就是來找你畫似顏繪，
現在我不知道自己還可以去哪了……

2017 年 ●
台北

似顏繪旅程地圖

A 小姐失魂落魄地走來。

前一天晚上,她跟我説要帶著男友
一起來畫情侶似顏繪。

結果,我和他在六小時前分手了。

什麼 !?

他出差時，我每天幫他澆花、倒垃圾。

但是有幾天無論怎麼樣，都聯絡不到他。

「最後我發現他在出差的郵輪上，
認識了另一個女孩。」A 小姐說。

這是一段短暫而破碎的感情。

我今天唯一的行程就是和他來找你畫似顏繪 ……
沒想到變成自己來了。

畫完似顏繪後，A 小姐仍然悶悶不樂。

不然......這邊有多一張椅子，
要不要一起聽客人說故事？

嗯......好啊。

後來 A 小姐坐在攤位上，
聽了很多有趣的故事。

甚至反過來，安慰了其他同樣失戀的客人。

等到收攤時，A 小姐決定好好振作起來。

她將那張似顏繪翻過來，在紙上寫了……

「有一個家，愛我的人、跟我愛的人都在裡面。」

那天之後已經過了兩年，A 小姐認真生活著，
並持續努力成為更好版本的自己。

「李白，我本來要帶男友來找你畫情侶似顏繪......結果我們八小時前分手了。」

A小姐與他是在交友app認識的，那時候的A小姐對自己的自我價值感很低，只懂一味地付出感情。結果才交往短短一個月，他就遇見了新的對象。

「來這裡畫似顏繪是我今天唯一的行程，現在我真的不知道自己可以去哪裡了。」A愁眉苦臉地說。

於是我為A小姐畫了一張單人似顏繪，但是她看起來仍然悶悶不樂。我想，聆聽陌生人的故事就是壞心情最好的解藥了，於是我開口：「不然妳坐旁邊這張椅子，聽聽看別的客人說故事吧！」後來A小姐聽了很多故事，甚至還安慰了其他失戀的客人。離開前，她在似顏繪的背面寫上願望：「有一個家，愛我的人，跟我愛的人都在裡面。」

「等願望實現後，再和他來畫情侶似顏繪吧！」我說。

A教我的事

" 先顧好自己，不要一味對別人付出。"

謝謝你讓那天的我覺得我不是一個人
傷痛不會消失 但傷口會慢慢癒合

我想可以付出的人還是幸運的
因為自己擁有的夠多才可以給啊
～

生日快樂

願每個柔軟的心都能被溫柔對待。

2019 年 ●
台中

似顏繪旅程地圖

B 先生來到我面前時，臉上掛著燦爛的笑容。

嗨！我朋友跟我說一定要來找你畫張圖。

「其實我本來打算在生日的當天自殺。」B 先生說。

為什麼呢？

原來 B 長年被嚴重的憂鬱症困擾著，他臉上的笑容可掬，
其實是面對這個世界的武裝。

我本身是一名藥師，知道用哪些藥物可以
讓自己在生日當天的睡夢中，靜靜地離開。

生日那天，我決定送自己一個生日禮物：
到音樂祭聽自己喜歡的樂團表演。

那次表演非常精采，我看著喜歡的吉他手
在台上賣力演出的樣子，閃閃發光著。

在中場休息時,我去了一趟廁所。
沒想到遇到了那名吉他手。

「今天,我生日喔!」B 先生緊張地說。

恭喜你,生日快樂!

吉他手笑著,給了 B 先生一個溫暖的擁抱。

……好幸福啊。

那時候我意識到,如果離開這個世界的話,
就再也沒辦法感受到這些幸福了啊。

B 先生說完了故事,心滿意足的帶著似顏繪離開。
我們的相遇是在一場山上的音樂祭,那天陽光燦爛。

B 先生見到我時笑容可掬，但其實長年的憂鬱症如影隨形的伴隨著 B。

「其實朋友常常告訴我，要想開一點、想些快樂的事情。但是 …… 這真的很難。」

我知道這一切有多難。

這些年有很多病友來到我面前，我知道對他們而言，理解勝過於安慰。與其對 B 一口一句加油，我選擇安靜地陪伴，聽他說著故事。紙上的似顏繪依然進行著。

「我本身是一名藥師，我知道有哪些藥物可以讓我在生日當天的睡夢中，靜靜地離開。」

B 在生日當天去了一場音樂祭，當作給自己的禮物。在表演中途的休息時間，B 在洗手間遇見了樂團的吉他手。B 緊張的對吉他手說：「今天，我生日喔！」吉他手笑著，給了他一個擁抱，那是一個很溫暖的擁抱。

「我那時候意識到，如果死掉的話，就再也感受不到這些快樂的事了啊！」

B 先生帶著畫離開後，我請下一名客人坐下。那名客人悄悄聽完了 B 的故事，她在我的留言本寫下：願柔軟的心都能被溫柔對待。

B 教我的事

" 不要對病友說的三句話：
趕快好起來、不要想太多、加油。"

畫家的刺青

左手就是我的調色盤。

當我思考人生中的第一個刺青時，我決定紀錄似顏繪這件事。

平常為求快速，我用盡所有的方法來縮短作畫的過程，其中一個就是「用手臂當成調色盤」

所以每一次畫完客人、聽完陌生人的故事後，我的手上總有一道道五顏六色的刷痕。

花了五年完成這個挑戰後，我開始大方迎接各式各樣的恐懼：挑戰不規畫行程一個人出國、挑戰自己在兩千人面前演講、挑戰自己畢業後以經營自創的品牌維生。

總之，就是不斷讓自己與害怕的情緒和平相處。

在一個下午的預約中，我畫下了一名出道不久的刺青師，在聊天中，我們發現彼此在追求夢想的道路上出奇的相似。

於是我用了一張似顏繪和她交換了一個刺青。這兩排刺青代表顏料，也紀念我和恐懼當好朋友的這些年。

第三章

勇氣的似顏繪

勇氣，是走一段沒有人敢走的路；
還是做一件從沒想過的事？
或許「誠實面對自己」，
才是世界上最需要勇氣的事。

我也想
當一名畫家

其實我的夢想啊,
根本不是當什麼老闆,而是 ......

2017 年 ●
台北

似顏繪旅程地圖

Q 先生來找我的時候，正好是我的休息時間，
我滿嘴咖哩的說：

來畫似顏繪嗎？要等我一下喔。

Q 先生說，他是被我的畫風吸引來的。

哈哈，你慢慢來就好，不然我先說自己的故事吧。

我啊 ... 是一家汽車零件公司的老闆。

管理一家公司，並不是一件容易的事。

公司的成長、工廠的運行狀況都掌握在自己手中。

這些年來，Q 總想著：「這真的是我要的嗎？」

在外應對客戶，在內面對員工。
每天下班時，我總會和自己對話......

其實，我真正的夢想是......

就是和你一樣，當一名畫家。

在聊天的最後，Q 先生説：

我決定下禮拜把公司賣掉，
去日本拜師學藝，當一名畫家。

嗯，那麼下次就換你幫我畫似顏繪囉。

我吃完咖哩後，為 Q 先生畫下了他的第一張似顏繪。

我和他説：「等你變成畫家記得來找我喔！」

Q 先生找我時，休息時間的我正在吃著咖哩飯。

「你慢慢吃就好，我可以等，不要有壓力。」他親切地說。

我本來急著把飯吃完，但看到 Q 一派悠閒地講起自己的故事，便輕鬆地開始和他聊起天來。

Q 是一家汽車零件公司的老闆。

我問了他公司管理的經驗；他則好奇地問我當畫家各式各樣的故事。當老闆並不輕鬆，做一個畫家也有困難的地方。

我們兩個羨慕著對方的職業，卻彼此知道不管是什麼樣的工作，都不可能 100% 讓自己感到滿意。

他說：「會畫畫真的很棒呢，我一直以來都想學畫。」

我說：「經營一家公司也不容易呀，謝謝你，我學到很多。」

Q 離開前，留下了一句帥氣的話：

「其實我下禮拜就要把公司賣掉，去日本拜師學畫了。」

Q 教我的事

" 做出決定，然後滿意於這個決定。"

山
與海

愛爬山的 Y 對我說，她遇上了一場搶劫的故事。

2019 年 ●
台北

似顏繪旅程地圖

前幾年我和朋友爬山時，碰上了一場搶劫。

Y 小姐來到我面前，做了一個驚人的故事開頭。

「什麼？是在台灣發生的嗎？」我驚訝地問。

對，是在頂埔附近的山上，
一個陌生人拿著開山刀指著我們。

我雖然害怕，但還是努力地勸說犯人，希望他放下刀。

看得出來，他也是逼不得已才這麼做的。

在一陣激烈的扭打過後，
試圖奪下刀子的Y小姐在手上留下了長長的疤痕。

這道疤痕保住了Y的性命，
Y卻也因為嚴重的韌帶斷裂住院一個月。

傷疤復原後，我心理的陰影卻沒有跟著復元。

我對陌生人感到莫名的恐懼，也很難再相信別人。

和我一起上山的友人後來出了國。

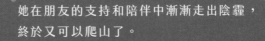

她在朋友的支持和陪伴中漸漸走出陰霾，
終於又可以爬山了。

⋯⋯ 那妳呢？

我將完成的似顏繪交給 Y 小姐。

Ｙ雙手接過了似顏繪，露出神祕的笑容。

我看著Ｙ注視著我的眼睛，彷彿看見她站在山頂凝望著雲海。

在我看見的景象中，Ｙ背著行囊，在蜿蜒曲折的山路走著，
她又變回了那個熱愛著山與海的女孩。

「前幾年我和朋友在爬山時，碰上了一場搶劫。在頂埔附近的山上。那個人拿著一把開山刀指著我們。」

在一陣激烈的衝突扭打後，Y為了奪走開山刀，手臂被劃下一道深深的傷痕。我幫Y畫畫時，這道傷痕依然清晰可見。

這道傷痕造成了讓Y和友人長年在心中擺盪的創傷。除了不敢再接近任何山，兩人也慢慢對人產生恐懼、不再信任他人。

在好幾場漫長的官司後，Y得知犯人在獄中離世了，但是伴隨而來的，是更加複雜及難以消化的情緒。

「後來我朋友到英國留學時，在很多朋友的陪伴和支持下，一起去登山，她終於又可以自在的回到山中了。」

我將完成的似顏繪交給Y，開口問：「那妳呢？」

Y小姐笑了，她沒有正面回答我，而是說：「我想到要寫給自己什麼了。」於是她在畫紙背面寫了一句喜歡的歌詞：

「在人事已非的景色裡，我最喜歡你。」

Y 教我的事

" 美好的人生風景，
　總在曲折的山路後等你。"

與害怕
和平相處

C 小姐說，她很害怕下水。

2016 年 ●
台中

似顏繪旅程地圖

C 小姐來找我時，我們的話題聊到「最害怕的一件事」。

她說，自己非常非常怕水。

因為小時候在海邊溺過水，到現在都還是很害怕。

她說：「現在朋友約我出門時，只要是跟水有關的戶外活動，我都會找藉口不去。」

一想到下水，那股窒息感又會回來。

「要克服害怕水這件事，真的很難呢。」C 苦惱地說。

這樣啊 …… 其實，我也不太會游泳呢。

不過說到克服恐懼，我有一點想法可以分享給妳。

我遞出自己的手機。

看,這是我最喜歡的一篇 TED 演講,
分享者叫做 Michelle Poler。

她給了自己一百天的時間,直接面對自己的一百種
恐懼:害怕高處、害怕蛇、害怕打針等等。

最後一天,她決定面對「演講」的恐懼,
也就是她站上 TED 舞台的這天。

很多的害怕,其實只是一種習慣。
會讓我們失去很多體驗美好事物的機會。

與其想著克服、戰勝自己的恐懼，

可以試著用溫和一點的心態，和自己的恐懼和平共處。

別和妳心中的恐懼硬碰硬，我相信
有一天妳一定可以下水的。

然後，我在 C 小姐的似顏繪塗上了海的顏色。

C 希望在似顏繪中放進　種自己的情緒，於是我們的話題聊到了「自己最害怕的一件事」。

「我的話肯定就是怕水了吧，就像貓一樣怕水。」

C 說，她對水的恐懼來自於小時候溺水的經驗，這段陰影在她的成長歷程中揮之不去。無論是多麼值得信賴的友人、老師，都很難說服她下水游泳，也因為這樣，C 曾經錯過夢寐以求在海邊打工換宿的機會。

「其實我也有類似的經驗，我很害怕人群。」我說。

我一邊畫著似顏繪，一邊跟 C 分享自己這幾年來的經歷：從一個因為害怕人潮太多，不敢走進高中福利社的高中男孩，一直到能夠和在人們面前侃侃而談自己的故事。

其實我始終沒有「克服」或「戰勝」自己面對人群的恐懼。而是接受這樣的自己，然後在往後的每一天，和這樣的自己和平相處。

聊天的尾聲，我在 C 的似顏繪的背景刷上了海的藍色。

因為我知道這個場景有一天會成真。

C 教我的事

" 別和你心中的恐懼硬碰硬。"

如果
還能睜開眼睛

我告訴自己，如果還能睜開眼睛，
要當成第二段人生好好活著，可不能浪費了。

2019 年 ●
台北

似顏繪旅程地圖

S 小姐到我面前，説了一個故事。

一個關於重生的故事。

在我高中的時候，意識到自己
一直被關在男生的軀殼裡。

從小到大，同學口中的「人妖」
已經變成了我的代名詞。

因為沒有人可以傾訴這些心情，
我就把所有心力放在讀書和考試上。

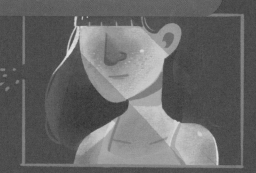

因為喜歡照顧別人，S決定轉考護理師。

上大學後，我開始留長髮、接受賀爾蒙治療。

訕笑、歧視的眼光從來沒有少過，S甚至曾經
被同學圍住，說想看她的胸部長得多大了。

126

那段時光，就像是我人生中的冰河時期呢。

S 難過地說著。

當上護理師後，S 白天努力上班，晚上打第二份工存錢。

過了幾年，S 終於存了足夠的錢。

她一個人出國，去做了性別置換手術。

躺在手術台上的我告訴自己：就當作我已經死掉了。

但是如果還能睜開眼的話，我要
當作第二段人生好好地活著。

做這個手術有多痛呢？
她說就像是肚子被整台火車輾過，再被馬踏過一樣痛。

S 在痛苦的眼淚中睜開眼睛。
三個月後，她從手術中順利地康復。

S 回到母校演講，分享自己的心路歷程。
也在好朋友的婚禮中，第一次當了伴娘。

S 說，她喜歡著現在的自己。

我將 S 小姐的自信與美麗畫進了似顏繪中，
然後我將畫紙翻過來，請她寫一段話。

她寫下：「我在淚水中明白，
只有自己能定義自己的幸福。」

S 小姐説了一個關於重生的故事。

「高中的時候，我覺得自己就像被關在男生的軀殼裡。因為沒有人可以訴説這些心情，我只好努力唸書，把所有心思放在轉考護理師的考試。」

此時的 S 已經開始思考性別置換手術的事情，也就是所謂的變性。大學住進宿舍後，S 開始接受賀爾蒙治療。雖然宿舍意味著有了自己的空間，但這件事也是對跨性別者的一個難關。

「同學開始竊竊私語、指指點點地討論我。甚至有一次我被男生們架起來，説想要看我的胸部長得多大了。」後來校方知情後，卻沒有完善的處理好 S 住宿的問題。「那時候，就像是我人生中的冰河時期呢。」

S 變得封閉，不去參與社交生活。靠著加倍努力的上班兼職、慢慢存錢。

2018 年的聖誕夜，S 了自己的一個禮物：進行性別置換手術。她一個人出國，一個人在泰國開刀。

「我算是院裡最年輕的人吧，其他一起動手術的姐妹來自各國，很多都是 30 到 40 歲了，雖然之前都不認識，但是一樣的心境與際遇，讓我們在康復期互相照料、互相打氣。」

S 和我說著手術後的康復期，經歷的痛苦大概就像肚子被火車輾過、再被馬踏過一樣痛。

但是她堅持下來了。然後，她平安美麗的回到台灣，回到護理師的崗位，回到母校演講自己的心路歷程，還在 Dcard（社群網站）上寫了自己的第一篇文章，並得到了網友無數的愛與正面回饋。

她喜歡著現在的自己。

「手術前，不是有全身麻醉嗎？我在打麻醉前告訴自己，或許自己永遠不會醒來了。但是如果老天爺開恩，讓我能再睜開眼的話，我要當作第二段人生來過，好好活著，不能浪費了。」

S 教我的事

" 只有自己能定義自己想要的幸福。"

給外婆
的歌

我國三那年，辦了一場演唱會。

2018 年 ●
台北

似顏繪旅程地圖

他是肯恩，一個音樂人。
他和我説了一個關於勇氣的故事。

我國三那年，辦了一場演唱會。

小時候外婆都會在家裡拿著麥克風，跟著電視節目唱歌，我從小就聽著外婆的歌聲長大。

外婆一直想看我唱歌的樣子，可惜這個願望在她過世前都沒有實現。

於是我開始學唱歌、練吉他，我開始渴望變成那個在舞台上表演的人。

國三那年，我去聽了謝震廷的演唱會。
我訝異一個跟自己年紀相仿的人，竟然這麼厲害。

台下的我聽得如癡如醉，我也想和他一樣
分享自己的創作和故事。

國三的肯恩不知從哪冒出滿滿的勇氣，
在表演結束後找到場地的老闆。

他問：「可不可以也讓我在這裡表演？」

老闆聽完我的 Demo 後猶豫了很久，最後說：
「你是個勇敢的小孩，來吧！」

其實老闆知道，讓一個默默無名的國中生辦
專場，要冒多大的風險。

老闆不知道的是，當初我給他聽的兩首歌，
就是我那時候所有的創作了。

表演日期訂在一個月後，
我開始如火如荼地寫歌、練歌。

你知道這是什麼意思嗎？
代表我要在一個月裡至少寫出十首歌。

然後把它們練到爐火純青。

或許是外婆在冥冥之中幫助著我吧。
那個月裡我的靈感大爆發，只要醒著就在寫歌。

這些歌分別送給我的朋友、爸媽，而寫給外婆
的那首歌，我取名叫「天堂」。

那天演出的座位爆滿，老闆最後在門口放了兩台音響，
讓站在門口、沒有位子的觀眾也能聽見表演的歌聲。

這就是肯恩的第一次演出。

表演閉幕時他和觀眾臉上都帶著淚水。

國三那年，肯恩去聽了謝震廷的演唱會。

「我那時候很訝異一個跟自己年紀相仿的人，竟然可以這麼厲害。」肯恩說，舞台上的謝震廷，就是他想成為的樣子。表演結束後，肯恩鼓起勇氣問了場地的老闆：「我可不可以在這裡辦一場演唱會？」

老闆根本不知道肯恩是誰。在這樣的展演空間唱歌，一次表演至少要兩小時，至少也要有九到十首實力到位的創作曲，把這樣的機會給一個默默無名的國三生，不論是誰都會覺得風險很大吧！

但是老闆或許被肯恩的勇氣打動了：「不然你丟兩三首自己的Demo 給我聽看看吧！」

「剛好那時候我全部的歌只有兩首，就通通用手機錄起來寄給老闆了。」肯恩大笑。

老闆聽完 Demo 後說：「你是個勇敢的小孩，好好把握這次機會吧！」

一個月後的那場演出，以肯恩的名字為名。

「那天現場的座位爆滿，我到現在還是不知道為什麼？」肯恩既困惑又開心。聽說老闆還在場地外擺了兩個音響，讓沒位子的觀眾也能聽見歌聲。

這一個月寫的歌裡，分別是送給肯恩的爸媽、同學、朋友。每首歌中間還穿插一段關於歌詞背後的小故事。

「我能感覺到台下有很多人在哭。」肯恩說。最後一首曲目叫做天堂，是肯恩寫給過世外婆的歌。

神奇的事情發生了。

或許是肯恩的朋友瞞著他和大家串通好，或許是肯恩曾經在學校表演過這首歌，觀眾們竟然開始跟肯恩一起合唱。

「我太驚訝了。和大家一起哭著唱完。這就是我最喜歡音樂本質的地方，它帶給人的不只是聆聽上的享受，更可以一路帶到心裡。」

這就是一個國三生辦演唱會的故事。

肯恩教我的事

" 許多門檻都是人訂出來的，
##　有時候你只缺少開口的勇氣。"

肯恩的故事 II

煙花

我的故事就像煙火一樣：綻放、在黑夜中黯淡。

似顏繪旅程地圖

2018 年
台北

肯恩在國三時，就辦了第一次專場演出。

這場演唱會，讓他第一次在樂壇展露頭角。

升上高中後，肯恩用自己的創作打遍了
全國的高中歌唱比賽。

那時候的肯恩，就像一顆照亮城市中黑夜的絢爛煙火。

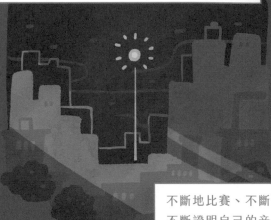

不斷地比賽、不斷地表演、
不斷證明自己的音樂才華。

我想讓更多人聽見自己的歌。

我想贏下更多比賽。

接著意氣風發的肯恩上了大學，
他用一樣的歌曲、一樣的水準比賽。

但這一次，肯恩被淘汰了。
連初選都沒有通過。

結果，我有整整兩年都沒有再碰吉他。

我不再唱歌、表演，不想面對這一段失敗。

「如果那時候我沒有放棄的話，這一切會是怎麼樣呢？」肯恩反覆想著。

我會成功嗎？

我有機會成為最年輕得到金曲獎的歌手嗎？

有一天肯恩回到家，偶然看著角落生灰塵的吉他，彷彿在對著他掉眼淚。

然後肯恩抱著佈滿灰塵的吉他哭了好久。

在某一次演出時，我遇到了一拍即合的音樂夥伴：南西。

她聽完我的故事後，和我一起寫下了一首歌：「煙花」

這首歌登上了 StreetVoice 的排行榜第一名。
它的歌詞、旋律拯救了城市中，無數個迷路的心靈。

他們組了一個樂團，叫做「南西肯恩」。

「我整整兩年，都沒有再碰過吉他。」肯恩感慨地說。

比賽落選後意志消沉的肯恩，回到家看著角落的吉他，上面佈滿灰塵，他說，我覺得自己的內心在哭泣，吉他也跟著我流淚。痛定思痛後，肯恩重拾吉他，重新開始唱歌、表演。後來他遇到了南西，兩人在音樂上一拍即合。

他們一起組了團，將肯恩的這段故事寫成了「煙花」這首歌。後來「煙花」在 StreetVoice 登上排行榜第一名，照亮了無數個城市中迷路的心靈，有人聽完做了人生的重大決定；有人聽完則決定放下難堪的過去。

這首歌感動了我，也促成了我與他們的相遇。

我和南西肯恩約在一間咖啡廳見面，他們和我說了這段故事，這是我第一次和歌手聊天。我訝異於一首歌的背後竟然有這樣深遠的脈絡，每一句歌詞原來都有濃濃的情緒。我喝完手邊的咖啡，為南西與肯恩畫了一張似顏繪。

我們想到了一個點子：來辦一場結合似顏繪的音樂會吧！

當歌手上台時，向觀眾說一段自己的故事，我則在一旁將他們彈奏、演唱的樣子畫成似顏繪。

左邊南西與肯恩在台上演出的照片，就是那場音樂會拍的。

南西與肯恩教我的事

" 成一道光，就得要熾熱的綻放。"

即使我有病

不能直接罵回去，那寫成饒舌歌總可以吧？

2018 年 ●
台北

似顏繪旅程地圖

26 歲的 Ani 是一個視覺設計師。
她年輕美麗、才華洋溢、前途一片美好。

直到有一天，上班途中的 Ani 突然暈倒在馬路上。

送醫檢查時，醫生照了 X 光。

小姐，妳脖子上的項鍊拿下來好嗎？

……醫生，我沒有戴項鍊。

!?

重複檢查後，原來 Ani 脖子上的白影是一塊腫瘤。
它的名字叫「淋巴癌三期」。

確診當下的 Ani，顧不得能不能康復，趕緊問醫生：

這會影響到工作嗎？我還能回去上班嗎？

但是，頻繁的住院和不舒適讓 Ani 只能中斷職涯。

在家養病的日子，Ani 過得生不如死。
原本在職場上叱吒風雲的 Ani，突然只剩下「病人」這個身分。

妳就是吃這些垃圾食物才會生病。

好手好腳，為什麼坐博愛座？

妳的病是裝的嗎？

這些閒言閒語讓 Ani 意識到，我們
的社會其實很會檢討生病的人。

有一次，Ani 頂著光頭上街買早餐。

回程的路上，碰見了一輛卡車。

卡車司機把窗戶降下，探出頭大罵：

幹 X 娘，死人妖！

這個社會，要求生病的人就該有「生病的樣子」

但是就算有了「生病的樣子」
還是會碰上很多不友善的對待。

遇上沒有同理心的人，怎麼可能不生氣呢？
但是身邊的人只會跟 Ani 說：「不要跟他們計較。」

既然不能罵回去 ......
那把這些憤怒、負能量寫成饒舌歌總可以吧？

從來沒有接觸過音樂的 Ani，寫下一首一首饒舌歌。

這些歌中，融入了 Ani 生病以來最真實的心聲。
她的歌聲陪伴很多病友走過了艱難的一段路。

慢慢的，她靠著饒舌找到了自我的價值。
她是 Ani，「癌友有嘻哈」的創辦人。

和南西肯恩舉辦即興音樂會時，我們開放讓所有類型的表演者自由
上台表演。

在表演下半段，舞台上出現了一位唱饒舌的歌手，她是個戴著毛帽
的帥氣女生。她的自創曲中描述著一個事業準備起飛、前途一片美
好的年輕女設計師，就像八點檔一樣，剛吹完二十六歲的生日蠟燭，
就被宣告得到淋巴癌第三期的故事。

她是 Ani，她的身分橫跨設計師、饒舌歌手，以及罹患淋巴癌第三
期的癌友，這首歌就是她的故事。

表演結束後，我問 Ani：「我送妳一張似顏繪，可以和我說說這首歌
背後完整的故事嗎？」

她回答，嗯，那我就從罹癌後的化療開始說吧。

「開始化療後，首先改變的就是我們的外表。有一次我頂著光頭在
路上走，被一對屁孩情侶毫不遮掩地，用手指著嘲笑。」

認識 Ani 以前，我想像過癌友因為外貌的改變，必須面對旁人眼光
的壓力，但沒有想到這個社會中的惡意，赤裸得遠超出我的想像。

「從此以後我對化妝產生強烈的執念，就算只是去巷口的便利商店，
都要戴著帽子、把自己的模樣打理好。」

「但就算做了這些，外表還是能看出我是一個光頭。台灣的夏天很熱，總不能全年戴著假髮吧。」

有一天 Ani 沒戴帽子，化好全妝出門買早餐，和一台卡車在窄路相遇。司機用眼睛打量著她，搖下窗大罵了一聲：

「幹 X 娘，死人妖！」

然後頭也不回地開走，留下錯愕的 Ani 站在原地。

有時候，Ani 也面臨在捷運上，被正義魔人要求讓座的狀況，只因為「看起來沒有病人該有的樣子」

「好手好腳，還要跟人搶博愛座喔？」

聽完這些，我簡直無法想像我們活在一個生了重病，還要被眾人檢討的社會裡。Ani 消沉了一陣子，她選擇做一件很酷的事。

沒有音樂底子的她在家開始寫歌譜曲、模仿網路上的素人歌手，作出了許多抒發心情的歌，甚至拍了 MV。影片中她一人分飾兩角，分別是光頭，穿著嘻哈的造型；和戴著假髮，鄰家女孩感的模樣。這兩個角色都是她自己。

一個代表憤怒，另一個代表溫柔。這兩種情緒雖然背道而馳，卻最能代表一個生病的人對世界的感受。而 Ani 優雅地將它們寫進了歌中。

她在短短一年內創辦了病友的組織「我們都有病」，舉辦數場給癌友的講座和聚會。

最重要的是，她成為了一位很棒的饒舌歌手。用歌聲和設計的才華，陪伴罹癌後無助的病友，以及不知如何和生病親友相處的人們。

她說：「當每個人都在熱淚盈眶地叫你要加油時，卻沒有一個人站出來說：『其實妳可以不用勉強自己樂觀啊，妳可以不爽，更可以大聲地對這個世界說出來』」。

Ani 教我的事

"即使有病，也要驕傲地活著；
　即使沒病，也可以為有病挺身而出。"

在書名背後

為什麼叫療傷似顏繪？
大家都受傷了嗎？

或許你們已經發現，在《療傷似顏繪》的故事裡，有一大部分都是悲傷、難過的故事。

這些故事裡往往充滿了背叛、欺騙、失敗、歧視等等情節。這是因為我聽見的十個人生片段裡，大約有八個都有這樣的故事。

但我並沒有因此覺得這世界很糟糕。

真實的世界或許並不理想，人們口中的「正能量」、「堅強勇敢」也總是很難在現實中實現。

我以前舉辦過幾場病友聚會，曾經有不只一個罹癌的來賓跟我說過類似的話：「疾病相關題材的電影、暢銷書都叫我們生病後要保持正能量、好心情，當個抗癌鬥士。但是這幾年下來，我只想跟我的病和壞情緒好好相處，真的不想當什麼『鬥士』。」

我想，其實我們一直都有選擇，去接受那些發生在我們生活中的壞事，然後輕柔地放下。

我們也一直都有能力，用不同視角來看同一件事，接納每一個發自內心的情緒。

然後你會發現，無論是現實世界還是《療傷似顏繪》中，每個難過的故事裡都能鑿出一道光。

第四章

溫 柔 的 似 顏 繪

每一段沈重或者傷痕累累的故事，都有
機會被溫柔接起，輕輕放下。

為外公
種一棵樹

我想請你畫一張似顏繪，是我和外公。

2018 年
台北

似顏繪旅程地圖

L 先生在一個傍晚來到我的攤位。

那個 ...... 我想請你畫我和外公。

L 先生坐下來後，我開始動筆。

那麼，我的故事要開始囉。

「男孩從小就和外公一起住在眷村裡，
外公一路含辛茹苦地扶養男孩長大。」

國共內戰時來到台灣的外公，
常常向男孩提起以前的戰場往事。

經歷了時間的流逝，
男孩長大成人，外公則垂垂老矣。

外公走之前，常常在醫院的
病床邊，望著窗外喃喃自語。

你們 ⋯⋯ 有看到那棵樹嗎？

「你們有看到那棵樹嗎？」
外公常這樣說著。

其實醫院外面根本沒有樹。
但是大家知道，外公是在說小時候
在湖北老家時，廟口的那棵樹。

直到過世前，外公都惦記著那棵樹，我知道那對他而言是很重要的回憶。

「去年的今天啊，正好是外公走的日子。」L 先生説。

我喜歡這個故事。
你要不要在畫的背後寫一兩句給外公的話？

似顏繪完成後，我將畫紙翻過來遞給 L。

L 先生沒有猶豫太久，寫下了 ……

「有生之年，回到湖北，為您種上一棵樹。」

那天我在西門町的街頭作畫，日暖風和。

L先生穿得西裝筆挺，看得出來他今天有備而來。

「那我的故事開始囉。」

他說了很長的故事，關於一個在眷村被外公養大的男孩。

「男孩從小就在眷村長大，他的外公是國共內戰的時候來台灣的，常常會跟男孩提到在戰場的往事。也常常教他做人處事的道理。」

外公因為歲月與經歷的堆疊，成為了一個有智慧的老人，一手將男孩拉拔長大。時間過得很快，男孩長大成人，外公則垂垂老矣。

後來外公在過世前，在醫院住了一段時間。

L回憶：「外公那時候常望著窗外喃喃自語：『你們有看到那棵樹嗎？』」

其實窗外根本沒有樹，但是L知道外公在說的，是他小時候在湖北老家，廟口的那棵大樹。村裡孩子大多就是圍繞著那棵大樹長大的。

後來外公的病情加重，漸漸只能躺臥在病床上。一直到過世前，他一直都惦記著那棵樹。

我完成了 L 與外公的似顏繪。畫紙上，我將外公留下的照片，以及在我面前的 L 先生拼成一張畫。

「今天，剛好是外公過世的一週年。」L 先生說。

是巧合嗎？或者這就是 L 選擇今天來畫似顏繪的原因呢？

我問：「你要不要在畫紙背後寫幾句想對外公說的話？」

L 點點頭，在畫紙背面留下了……

「有生之年，回到湖北，為您種上一棵樹。」

L 教我的事

" 人生很多的階段，
都是以一場道別作為開始。"

出自「那些電影教我的事」粉絲專頁

幫我
削鉛筆

第一次有客人在我面前哭泣，
我當下竟然慌得不知所措。

2017 年 ●
嘉義

似顏繪旅程地圖

畫似顏繪的這些年，有很多
陌生人在我面前釋放情緒。

但是印象最深刻的，是第一個在我面前哭泣的客人。

T 小姐走過開滿黃花的河堤，
來找我畫一張似顏繪記錄當下的自己。

請坐吧！

我和另一半是遠距離，很遠很遠。

我的白天，是他的黑夜那種遠。

每一次見面，都很珍貴。
每次說再見，都很難過。

我總是在他打包行李時說：「帶著我走吧」

T 小姐並沒有把故事說完，因為
眼淚已經爬滿了她的臉龐。

我抬起頭看著 T，不知道該繼續
畫下去，還是停下來比較好。

似顏繪只完成了一半，
我腦中想著：怎麼辦？怎麼辦？

然後，我看著桌上的色鉛筆，
腦中浮現了一個點子……

我說出了一句自己也意想不到的話……

妳，要不要幫我削鉛筆？

T小姐一愣，止住了眼淚。
然後像是無法思考一樣接過了美工刀和色鉛筆。

接著，一刀一刀，木屑一片片掉在桌上。

我慢慢地完成了似顏繪，看著 T 小姐的嘴角漸漸上揚。

我把似顏繪交給 T；她把削尖的色鉛筆還給我。

「謝謝你，我懂了。」T 小姐拿著似顏繪跟我合照。

I 小姐在河堤邊坐下，和我說了故事的開頭。

「我和男朋友是遠距離，很遠很遠，我的白天，是他的黑夜的那種遠。我總是在分離時和他說，把我一起帶走吧！」

T 小姐說到一半，聲音越來越小，我微微抬起頭，看見她已經泣不成聲。面對第一個在我面前哭泣的客人，讓我的作畫陣腳大亂，慌張得不知所錯。

怎麼辦，我該安慰她嗎？我怎麼沒有帶衛生紙？

T 小姐並沒有說完她的故事，她的眼淚從臉頰上一滴一滴滑落。我深吸了一口氣，然後說出了讓在場所有人都意想不到的一句話：「妳……要不要幫我削鉛筆？」T 小姐一愣，止住了眼淚，然後像無法思考般拿起桌上鈍鈍的色鉛筆。

一刀一刀，T 小姐將筆削尖，她的動作很慢很慢，用 10 分鐘削一支鉛筆的那種慢。我也在一旁，靜靜的將似顏繪慢慢打好稿，上了色。小姐看著似顏繪慢慢完成，嘴角上揚。「謝謝你，我懂了。」她把尖尖的色鉛筆放到桌上，然後帶著畫走在開滿黃花的堤岸。我安靜的目送著 T 小姐的背影離開。

我至今還是不明白，T 小姐在削鉛筆時到底領悟了什麼，但是她離開時，就像似顏繪上一樣帶著笑容。

T 教我的事

ˮ故事的感動不在於情節，而是情緒。ˮ

從今天開始

約定好的那天？那不就是昨天嗎？

2020 年 ●
台中

似顏繪旅程地圖

J 小姐在交友軟體上認識了現在的男友。

雖然見面的次數很少,但是一切都很幸福。

他人很不錯,最重要的是,他喜歡我的狗狗。

J 的狗狗陪伴她十幾年,
對她來說是最親密的家人。

直到……

J 從各種蛛絲馬跡中，發現自己原來是第三者。

為什麼突然刪掉我的 FB 好友？

為什麼上次出去玩的照片都不見了？

「喔，那是我不小心按到的啦。」
總是得到諸如此類的回答。

男人説……

我真的只愛妳。

相信我好嗎？

半年之內，我一定跟老婆離婚來找妳。

有一天，男人把對 J 來説最重要的照片刪掉了。

那是他們以前一起開車去玩的照片，
對年老的狗狗來説，這可能是牠最後一張出門玩的照片了。

「從那天意識到，不能繼續下去了，
她鼓起勇氣離開了這段關係。

然後時間就來到現在了。
他口中「半年之內」的期限就是昨天。

這樣說的話，從今天開始⋯⋯

「不就是新的生活了嗎？」我們異口同聲的說。
從此之後，」帶著新的自己和狗狗過著新的生活。

J 在我面前坐下，她為了今天預約的似顏繪挑了很久衣服。因為今大對她而言，是一個標誌性的日子。

「其實昨天，就是他口中半年的最後一天了。」

雖然 J 早已離開這段不堪的關係，但心情上還是受到這句承諾的影響。

我們見面的這天，正好見證 J 決定擺脫這個虛無的承諾。

昨天是最後一天，就代表今天開始，可以真正放下這個人；可以過新的生活了。

後來，J 特別私訊我向我道謝，她說自己哭著看完了這篇故事，也準備好邁向新的人生。

J 教我的事

"揮別謊言，
就是讓自己邁向新生活的第一步。"

如果這是啤酒
就好了

他說，如果桌上這兩杯是啤酒該有多好。

2020 年 ●
台中

似顏繪旅程地圖

P 先生的話並不多，他簡單聊著自己的生活。

他在一間工廠上班，一天工作十二個小時。

努力工作、在職場力爭上游，假日獨自
出門走走，總是一個人過著生活。

P 只説了幾句話，就安靜下來。

真抱歉，我的故事有點短。

大概很少會有和我一樣做工的人，
會來這樣的地方畫似顏繪吧，哈哈。

沒關係，這樣就好了。

P 先生看著桌上的兩杯茶，他説……

如果這是啤酒就好了呢！
我啊，喝完酒就什麼話都説出來了。

這時候，我已經畫好似顏繪的草稿。

我們彼此都很安靜，
彷彿在等待什麼。

P 突然用手按住自己的鼻心，
眼淚一滴滴的流下。

他隱藏在故事背後的情緒一次傾瀉而出。

其實我會這麼努力，是為了撐起家裡的經濟，
作為子女卻不能讓長輩過好日子，我真的很愧疚。

都這個年紀了，但因為顧慮很多，
還是沒辦法在感情中踏出那一步。

P 先生開始和我分享起生活的
種種，他邊哭邊向我道歉。

桌上喝完的兩杯茶，此時就像兩杯啤酒一樣，
讓人把平常壓抑的話都說了出來。

不需要道歉啦，
辛苦你了。

你剛才說家裡的長輩都健康，這
是有錢也不一定能得到的幸福了。

P 看著自己的似顏繪，他呼出長長的一口氣。

「下一次，我要帶我喜歡的女孩來畫，
一起和你說故事。」他離開前說。

P 先生的話不多，他說自己是一個平凡、沒什麼自信的人。簡單聊完自己的工作後，他看起來懊惱地說：「我好像沒有說什麼有趣的東西，甚至連故事都算不上吧！」

我回答，沒關係，放輕鬆就好。

接著，他靜靜的看著似顏繪慢慢完成，彷彿時間靜止一樣，我們什麼也沒說。時間悄悄地走，一直到整張畫完成，P 心中的千頭萬緒終於按捺不住，變成一滴一滴眼淚。

他說，這些年來的獨自打拼，都是為了家中年長的爸媽；如果可以，他多想和別人一樣，能夠帶著爸媽出國玩。

他說，他也想獲得勇氣，去追求自己不敢奢望的感情。

擦完最後一滴眼淚後，P 看著畫對我說：「謝謝你，我平常從來不敢說出這些。」

我說，辛苦了，你這麼努力，也要顧好自己的身體。

我和 P 先生緊緊地握了彼此的手道別。

P 教我的事

＂哭泣不是脆弱，只是壓抑了太久。＂

憂鬱的畫風

似顏繪裡的我，
為什麼看起來很悲傷？

單就「付錢畫似顏繪」這件事而言，把客人畫得開心、眉開眼笑，應該是最正常的思路吧？

但是我選擇另外一條路，把人們真實的表情畫下來。

每個人看見鏡頭時，都會露出燦爛無比的笑容，但我要畫的就是當拍完照後，人們臉上沒有太誇張表情的時候。

雖然看起來面無表情，或者有時帶著一層憂鬱，但我覺得這才是人最真實的樣子。

我想，刻意地推廣「笑容」和「快樂」其實很難真的讓人振作起來。

真實的世界裡有悲傷、也有無奈，但是每一種情緒都有它美麗的地方，和其存在的意義。

而我，想用似顏繪記錄下這些珍貴的瞬間。

第五章

意 外 的 似 顏 繪

「想尋找的東西原來一直在身邊」這個
老梗已經被電影、小說寫得淋漓盡致,
但是這句話永遠可以投射在我們生活的
各種階段裡。

通常在領悟這個道理前,我們會先遇上
一件意料之外的事……

一個
快樂的故事

畫似顏繪卻遇上語言不通的客人。

2018 年 ●
台北

似顏繪旅程地圖

接近傍晚的時候，三個來自韓國的女孩找到了我。

「我們都想畫似顏繪，一人一張。」

因為語言不通的關係，我們靠著手機上
的 Google 翻譯一句一句聊著天。

她們聊著自己的人生、在首爾的生活。

她們說，這張似顏繪是她們離開
台灣前的最後一個紀念品。

那天我的桌前，聚集了很多的人潮觀看。

在離開前，其中一個女孩指著牌子問：

這上面寫的是什麼意思？

我回答……

意思是：畫畫的時候跟我說一個
快樂的故事，可以得到折價。

嗯……

接著三個女孩低著頭，交頭接耳了一陣。

然後拿起手機敲敲打打。

然後，她們亮出了手機的螢幕，上面寫著：

「今天遇到你是一個快樂的故事。」

最後，她們都得到了折價。

三個來自韓國的女孩在我面前坐下，我們靠著 Google 翻譯和比手畫腳溝通，畫到一半就引來了大批的人潮圍觀。

「這裡是我們旅行的終點，晚上就要去機場了。」所以這張似顏繪就是她們在台灣的最後一個紀念品了。我在紙上畫著三個人的似顏繪，不時抬頭看看她們手機上的 Google 翻譯。或許是因為氣氛輕鬆，也可能是因為似顏繪的魔力，我們天南地北的話題沒有因為語言隔閡而卡住。

就這樣，似顏繪在歡樂的氣氛下完成了。在我準備將畫裝袋時，其中一個女孩好奇的指著攤位上的牌子問：「這是什麼意思呢？」

我說，這上面寫著我畫畫的規則：說一個快樂的故事就可以折價。她們聽完後交頭接耳了一陣，一邊敲著手機螢幕一邊發出爆笑聲，我則在一旁愣愣地等待 google 翻譯的結果。最後，她們滿意的看著螢幕，對著我亮出了手機……

「今天遇到你是一個快樂的故事」

她們教我的事

″快樂的故事不會發生在未來，
而是發生在當下。″

妳
已經很美啦

在我畫圖的桌上，有一本筆記本給客人自由書寫。

2016 年 ●
台北

似顏繪旅程地圖

在我的桌上，有一本筆記本。

每個來畫似顏繪的人，都可以留下自己想說的話。

有一次，來了一位小客人。
她在筆記本上留下了可愛的插圖，還有一句話：

「我希望我很美麗！」

在這之後，過了幾個月...

某一次收工前，我接了最後一個客人。

她是一名警察，這是她人生中第一張似顏繪。
她看著筆記本問：「我也可以留言嗎？」

我一邊收拾畫具，說：「當然可以囉！」
於是她拿起筆，在筆記本上寫下......

「妳已經很美啦！」

196

在我的桌上，有一本筆記本給客人自由書寫。

如果似顏繪的畫紙背面，是留給未來自己的時光膠囊；那麼這本筆記本，就是讓各個不認識的客人們，隱約可以牽起彼此連結的繩子。

有人會寫下自己的心願；有人寫下自己來畫圖的當下的心情。筆記本剛開始使用時，一個小女孩在上面寫下：「我希望我很美麗！」在那之後過了一陣子，筆記本上的留言與字跡越來越豐富，我也持續地畫似顏繪。

某一次收工前，最後一個客人對筆記本非常好奇，一頁一頁翻著，突然在其中一頁停下，也就是小女孩的那頁。

客人拿起筆，問我：「我也可以在上面留一句話嗎？」

我回答：「當然可以囉！」

於是客人將筆尖靠近在小女孩的留言，寫下了「妳已經很美啦！」

這個留言真的會被小女孩看到嗎？我想或許有點難度，但是這個留言療癒了我，也療癒了在那之後翻閱筆記本的每個客人。

筆記本教我的事

ˮ有時不必面對面，也能夠傳達美好。ˮ

富士山
在哪裡？

一段笨笨的，卻收穫滿滿的旅行。

2016 年
日本

似顏繪旅程地圖

我一個人跑去日本當背包客，但是沒有規畫任何行程，也沒有訂飯店。

而且我做了一件很蠢的事：

我以為搭到「富士宮」站，就可以一路走到富士山上。

殊不知富士宮其實離富士山的登山口有一大段距離。

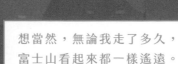

想當然，無論我走了多久，富士山看起來都一樣遙遠。

在路上的我，意識到自己這趟旅途是走不上富士山的。

⋯⋯算了，這樣走走路其實也滿好玩的。

下山後已經入夜，我很幸運地找到一間小旅館。

疲累的我住進了舒適的日式榻榻米房間。

我在旅館拿出紙筆，想畫下沿途看見的美麗風景。

這時候，我房間的拉門被悄悄拉開……

旅館的主人與幫手出現了！

你在畫畫喔？

可不可以畫我們？

雖然語言不通，但是看得出來老闆很開心。

我穿著旅館提供的甚平，畫下了裡面的大家。

後來，開心的老闆招待我去一家高級溫泉會館泡湯。
隔天一早還載著我去附近下著雪的山上晃晃。

最後，我還是沒有登上富士山。
但是卻看見了從富士山昇起的日出。

三年前，我第一次自己出國當背包客。為了讓整趟旅途更有趣，我沒有規畫任何行程、做行前功課，也沒有訂旅館，所以我也不知道自己每一天會去哪玩、會住在哪裡。就這麼笨笨的上路後，遇到狀況再臨機應變。

當我坐著來到靜岡的新幹線時，看到了外頭巨大的富士山，心想：「來到這裡的話，應該就要去富士山走走吧！」天真的我在「富士宮站」下了車，往富士山的方向走了一整個下午。但開啟地圖查了我跟富士山的距離後，才發現原來自己大錯特錯。（是的，我那時候對日本地理完全沒有概念。）

放棄去富士山的我並不難過，反而很幸運的找到一家車站附近的傳統小旅館，接著拿出隨身攜帶的水彩盒畫下了旅館裡的大家。

老闆説：「能遇到你這個客人真是太好了！」

隔天一大早，老闆開車載我去附近的湖邊看富士山的日出。那天早上的日出伴隨著漫天白雪，雖然寒風刺骨，但絕對是我這輩子看過最漂亮的一次日出。

富士山教我的事

″旅程終點或許改變，
但收穫的感動卻能和啟程時一樣。″

下次
會有草莓嗎？

老闆，我要一份布朗尼！

2013~2018 年 ●
台北

似顏繪旅程地圖

這是我跟一個甜點店老闆的故事。

這家店開在師大附近的巷子裡，沒什麼人知道。

高中的我在放學後，總是穿著制服來找老闆。

老闆，我要一份布朗尼！

儘管這家店的招牌是烤布蕾，
但我對老闆做的布朗尼情有獨鍾。

放學後來吃一塊布朗尼，
是我高中時期最快樂的一件事。

今天也好好吃，謝謝老闆！

直到有一天，我點的布朗尼和平常不太一樣。

今天的布朗尼有草莓！我最喜歡吃草莓了！

但是下一次來的時候，就沒有草莓了。
下下次沒有，再下一次也沒有出現。

於是我為了知道「下一次會不會有草莓」，
更常跑去買老闆的布朗尼，就這樣持續了五年。

老闆，一份布朗尼！

老闆，老樣子！

老闆，今天還有嗎？

我上大學後，離開了台北。
還是會偶爾趁著放假回來找老闆。

老闆的店從默默無名，變成了網路人氣甜點店。
但是我一直都沒有和他提起，埋藏在我心裡的疑問：

今天，會有草莓嗎？

高中的時候，嗜甜的我總是在禮拜二下課，到永康街的甜點店買布朗尼。我和老闆的話都不多，對話通常是這樣：

「一份布朗尼對嗎？60元。」

「謝謝老闆。」

我們之間維持著這樣的對話，每週一次。

有一次老闆將布朗尼裝盒前，多放了一顆草莓。但是下次就沒有了，下下次也沒有。當年那顆珍貴的草莓，就在我腦中變成一個心結：為什麼這次沒有草莓？

於是我抱著「說不定這一次會有草莓」的心情，持續地去買老闆的布朗尼，就這樣過了五年。老闆的店面從默默無名，慢慢變成網路人氣甜點。我上大學後離開了台北，老闆的店則搬到師大路，有了更多品項及更溫馨的店面裝潢。我偶然回台北仍然會回去碰碰運氣，看看這次會不會買到草莓布朗尼，從外帶變成內用的我，也開始和老闆閒話家常。

有一次，他用「老戰友」來形容我。一次愉快的聊天後，我甚至在店裡畫了似顏繪送給老闆。但是我從來沒有提過草莓的事情。

布朗尼教我的事

” 恰恰是實現夢想的可能性，
才使生活變得有趣。 “

出自 < 牧羊少年的奇幻旅程 >

可以
再唱一次嗎？

大肆降雨的五月，兩個抱著歌手夢想的女孩
來到我的面前。

2018 年 ●
台中

似顏繪旅程地圖

那天下了很大的雨。

「這樣的天氣，應該是不會有人來畫圖了吧！」
我看著雨，很多畫紙都泡濕了。

忽然有兩個人繞過轉角，踏著水窪，
撐著傘走向我。

我們想畫一張似顏繪。

她們坐下來，
沒説什麼話。

今天過得好嗎？

嗯 ...... 我們剛才參加了一場歌唱比賽。

但是才第一輪就被刷掉了。

反正現在沒什麼客人，要不要再唱一次剛才比賽的歌？

欸，可以嗎？！

她們拿出吉他，調了音。
我拿起畫筆，調配好適合她們的顏色。

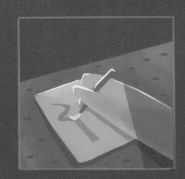

那天雨很大。
她們輸了比賽，我的生意也很差。

但我們就這樣一邊畫畫、
一邊唱歌，度過了很棒的午後。

五月的台中午後，似乎有下不停的午後雷陣雨。

飄雨時，我慌張地把紙筆收進行李箱；雨停的時候，又將畫紙一張
張擺在桌上。

「這樣的天氣，應該是不會有客人了吧！」當雨勢停歇，我看著空
中遠方的烏雲。

忽然，兩個女孩出現，訂了兩張似顏繪。她們坐下後，看起來悶悶
不樂。我問她們：「今天過得好嗎？」

「我們今天去參加了一場歌唱選拔，但是才第一輪就被淘汰了。」
女孩們苦笑。

「這樣啊，我今天也沒什麼客人呢！」我和女孩們的心情，就像今
天的天氣一樣。

我一邊畫下兩人時，看著她們背後的吉他袋，心頭一動：

「反正現在沒什麼客人，妳們要不要再唱一次剛才的歌？」

「欸？這樣是可以的嗎？」她們似乎沒意料到這樣的請求。

「有什麼不可以的呢？」我笑了。

週末的午後，在沒什麼人潮的街道上，一邊畫圖一邊唱首歌，有什麼不可以的呢？我和她們說，同樣的歌現在唱，就沒有剛才比賽的緊張感了。

於是她們開心的歡呼一聲，從袋子裡拿出吉他。外頭的雨勢又變大了，我連忙移動傘架的位置，即使三人都擠在傘下，仍然會被微微的飄雨淋到，但是我們都已經準備好了。

「那麼，我們開始唱囉！」我隨著她們的歌聲同時作畫，雖然專心在畫紙上，偶而還是情不自禁抬起頭，聆聽這場超近距離的音樂會。

她們在雨中唱了三首歌：紙飛機、晴天、Love Song，我算好時間，在第三首歌尾音時剛好完成似顏繪。然後我們三人抬起頭，發現周遭圍觀的民眾已經聚集成一片，天空已經放晴了。

「他們都是來看你作畫的嗎？」她們驚奇地問。

「我想，應該是來聽妳們唱歌的喔。」我笑著。

兩個女孩教我的事

ˮ美好的一天不一定要建立在成功上。ˮ

不像的似顏繪

那個，這張畫怎麼好像跟我不太一樣？

其實我在畫似顏繪時，從來不特別追求把人畫得「像」，但是這件事似乎違背常理吧？

畢竟似顏繪就是肖像畫，肖像畫不就是把某人在紙上畫得惟妙惟肖嗎？

這句話在相機發明以前，或許是對的，但既然我們可以用拍照捕捉100%真實的瞬間，那麼「把人畫得像」這件事的意義就只剩下可以證明畫技高超了。

我反而覺得似顏繪可以把重點放在「乍看之下畫得有點像，卻又好像不太一樣」。

所以我平常最期待看見客人拿到似顏繪時，疑惑的看著畫說「好像跟我想的自己不太一樣」，卻又露出好像懂了什麼的表情。

因為這就代表我把自我和旁觀者眼中的認知差異給畫出來了。

別人眼中的你，是什麼樣的呢？

療傷似顏繪

有人説，我的畫有一股魔力；

也有人説，我是令人心安的神奇畫家。

但是其實這些故事裡所有的魔法，都是
發生在客人自己身上。

而我只是負責傾聽的那個人。

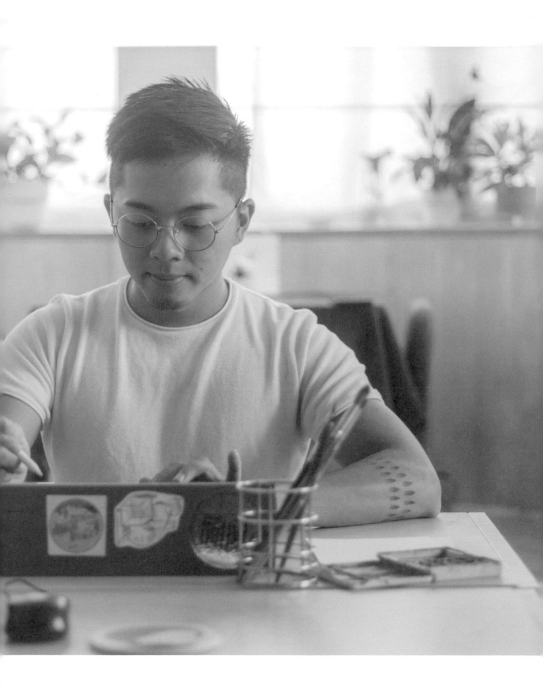

一件平凡的事
用心重複做兩千次，
就會變成一件感動的事。

不管是《療傷似顏繪》，還是我的品牌「街頭故事」，其實都是無心插柳中誕生的意外。

五年前，我在大學校慶的市集裡，畫下了第一張似顏繪。我和自己說：「好，這是兩千個陌生人挑戰中的第一個。」

那時候覺得，這不過就是一件平凡無奇的事：你付錢、我畫圖，頂多在過程裡聊聊天吧。

直到第一次有客人在我面前哭得泣不成聲，說著自己的故事；

第一次有客人在隔了半年後，特地回到我面前說，這張畫陪著自己度過了人生的低潮。

我發現自己能做得更多。

於是，我開始更頻繁地在市集、咖啡廳，甚至是旅行中畫下更多陌生人，並用文字、插畫來記下這些美麗的故事。

當我意識過來的時候，自己已經畫下了兩千個陌生人，當初訂下的挑戰早已達成。

讓兩千個陌生人
在自己面前敞開心胸
是什麼感覺？

我會說，感覺就像是在海邊抓起一把沙，然後讓它們從指間流過自己的指縫。

曾經有人這樣形容街頭故事：承載人們故事的悲傷，就像畫畫時用的洗筆水一樣，一開始清澈透明，後來隨著時間和頻繁的調色，慢慢變得混濁。

但是遇見下一個客人時，我們會重新裝一盤清澈的水，然後繼續用一張簡單的似顏繪，封存這些或許沉重，或許傷痕累累的故事。

然後讓這些故事以溫柔的樣貌，去陪伴更多更多的人。

因為我知道任何人的故事，都有可能成為另一個人的解藥。

這是我的第一本書，謝謝每個讀到這裡的你與妳，願我們都能以溫柔的方式生活、承接自己和別人的故事。

我們下次見。

五年裡，男孩為兩千個陌生人畫下療傷似顏繪，但是他始終沒有克服自己的害羞，也沒有變成一個善於社交的人。

但是他變成了一個傾聽者，專心凝視著每一對傾訴故事的雙眼，並告訴他們：「我在聽，放心說吧。」

謝謝這段旅程中,每個和我傾訴心事的陌生人。

這 27 年，
原來是一場夢

太雅出版社的編輯找上了我，
詢問我有沒有出書的意願。
經過一陣愉快地聊天後，
我們非常驚訝地發現了一件事 ......

我把似顏繪的故事放在網路上後，
開始有越來越多人認識街頭故事。

有一天，我收到了來自出版社的訊息，
想和我見面聊聊出書的計畫。

和編輯們愉快的聊天過後，
我們心中對新書的樣貌漸漸成形。

聊天的尾聲，總編輯和我
聊到了家裡的成員......

其實我爸爸也是作家，
不過生了我之後就沒有寫書了。

當我說出爸爸的名字時，
總編輯驚呼了一聲。

什麼！？

原來，她就是當年找我爸爸出書的編輯。
我們兩個驚訝得不可置信。

27 年前，她就像今天這樣喝著飲料，
和我爸爸面對面坐談論著新書的內容。

那時候，我還沒有出現在這世界上。
爸爸和我現在的年紀相仿，一樣懷抱著出書的夢想。

在完全不知情的狀況下，
27 年後，總編輯又從茫茫人海中，發掘了我。

我和總編輯像做夢一樣看著彼此，
我想她眼中的我，一定有著當年爸爸的影子吧！

兩個人，一張桌子，一份出版合約。
這本書就這樣誕生了，一切就像 27 年前一樣。

這就是這本書誕生的真實故事。

我和總編輯發現這個驚人的巧合後,回到家裡用文字在社群上寫下各自的心聲。她為這件事寫下了:「如果今天是一場夢,那麼我想這27 年都是一場夢吧。」

27 年前,我的天,那距離我出生還有整整四年的時間。

在這段時間裡,爸爸收山不再寫書;我出生後成為一個畫家;而總編輯仍持續在出版界發掘新的創作者,然後就這麼找到我的粉絲專頁,並聯繫上了我,造就了這本書。

其實在這之前我從未看過爸爸寫的書。因為好奇,我在寫書的過程中,在家裡的書櫃翻到了那本當年總編輯找爸爸出的書。

據說爸爸那時候為了寫這本書,在酒吧工作了一段時間。這本書的內容是關於「一個在酒吧裡工作,收集各式各樣陌生人故事的酒保」。

時間教我的事

"世上萬物都可能隨著時間改變,
　但是有些情感與連結總是不變。"

故事最初的樣貌

這是將片段記憶變成插畫的過程，一格一格將重要事件化成草稿，確認故事劇情及情緒呈現沒問題後，再將草稿上色。

第 106 頁「我也想當一名畫家」

畫畫早期發生的故事，Q 先生給了我繼續走這條路很大的動力。

第 118 頁「與害怕和平共處」

很喜歡的一次對談，收到客人的回饋之後，我也開始努力練習游泳。

第 84 頁「你可以幫我一個忙嗎？」

一個剛認識的陌生人，叫你兩小時後幫他求婚！
這絕對是我開始作畫以來，最驚喜的一件事了。

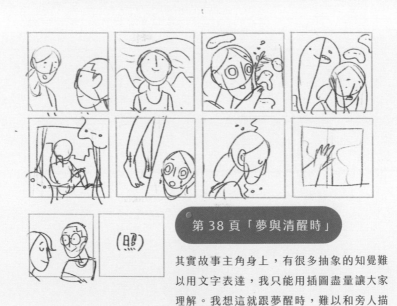

第 38 頁「夢與清醒時」

其實故事主角身上，有很多抽象的知覺難
以用文字表達，我只能用插圖盡量讓大家
理解。我想這就跟夢醒時，難以和旁人描
述夢中情節一樣吧！

第 18 頁「未知的預約」

這是發生在開始寫書後的故事。
非常觸動我，謝謝願意信任我的客人與心理師。

第 32 頁「我想抱抱她」

一篇傷痕累累的故事，能安撫受傷心靈的
其實不是似顏繪，是客人自己。

第 58 頁「我在等你證明自己的決心」

有很多故事以「年」為單位記錄,客人與我都經
歷了很多改變,但見面時,又彷彿回到當時。

第 112 頁「山與海」

雖然我總是坐著畫畫,卻能聽著故事,
跟客人的思緒一起旅行、一起經歷重建
的過程。

療傷似顏繪，畫下人們的溫柔與美好。

 Taiwan Creations 06

療傷似顏繪

作者 (繪圖及文字)：李白
美術設計．李白
封面插圖：李白

總 編 輯：張芳玲
編輯主任：張焙宜
企劃編輯：翁湘惟
執行主編：劉育孜

照片攝影：Chia Ying Yang、海安、溫佑誠、練健輝
攝影場地提供：走走家具、茶筆巷生活空間
素材來源：Pixel perfect from www.flaticon.com

太雅出版社
TEL：(02) 2368-7911　FAX：(02) 2368-1531
E-mail：taiya@morningstar.com.tw
郵政信箱：台北市郵政 53-1291 號信箱
太雅網址：http://www.taiya.morningstar.com.tw
購書網址：http://www.morningstar.com.tw
讀者專線：(02)2367-2044 / (02)2367-2047

出版者：太雅出版有限公司
106 台北市大安區辛亥路一段 30 號 9 樓
行政院新聞局局版台業字第五○○四號

讀者服務專線：(02)2367-2044 / (04)2359-5819 #230
讀者傳真專線：(02)2363-5741 / (04)2359-5493
讀者專用信箱：service@morningstar.com.tw
網路書店：http://www.morningstar.com.tw
郵政劃撥：15060393 (知己圖書股份有限公司)

法律顧問　陳思成律師
印刷：上好印刷股份有限公司　TEL：(04)2315-0280
裝訂：大和精緻製訂股份有限公司　TEL：(04)2311-0221
初版：西元 2020 年 12 月 01 日
首版五刷：西元 2022 年 04 月 20 日
定價：380 元
(本書如有破損或缺頁，退換書請寄至：
台中市工業 30 路 1 號 太雅出版倉儲部收)

ISBN 978-986-336-404-7
Published by TAIYA Publishing Co.,Ltd.
Printed in Taiwan

國家圖書館出版品預行編目(CIP)資料

療傷似顏繪 / 李白作. -- 初版. -- 臺北市：
太雅, 2020.12.
面；　公分. ──（Taiwan creations；6）
ISBN　978-986-336-404-7　（平裝）
1.人生哲學 2.自我實現
191.9　　　　　　　　　　　109014904